Gianetti Michelangiolo

Elogy of Captain James Cook

Composed and Publickly Recited Before the Royal Academy of Florence

Gianetti Michelangiolo

Elogy of Captain James Cook
Composed and Publickly Recited Before the Royal Academy of Florence

ISBN/EAN: 9783337091064

Printed in Europe, USA, Canada, Australia, Japan

Cover: Foto ©ninafisch / pixelio.de

More available books at **www.hansebooks.com**

ELOGIO

DEL CAPITANO

GIACOMO COOK

LETTO

DA MICHELANGIOLO GIANETTI

NELLA PUBBLICA ADUNANZA

DELLA REALE ACCADEMIA FIORENTINA

Il dì 9 Giugno 1785.

FIRENZE MDCCLXXXV.

PER GAETANO CAMBIAGI STAMPATORE GRANDUCALE

CON APPROVAZIONE

ELOGY

OF CAPTAIN

JAMES COOK

COMPOSED AND PUBLICKLY RECITED

BEFORE

THE ROYAL ACADEMY OF FLORENCE

BY

MICHELANGIOLO GIANETTI

TRANSLATED INTO ENGLISH

BY A MEMBER OF THE ROYAL ACADEMY

OF FLORENCE

FLORENCE MDCCLXXXV.

PRINTED FOR GAETANO CAMBIAGI PRINTER TO HIS ROYAL HIGHNESS

WITH PERMISSION

Virtus, recludens immeritis mori
Coelum, negatâ tentat iter viâ,
Coetusque vulgares & udam
Spernit humum fugiente pennâ.

Horat. Lib. III. Od. II.

A SUA ECCELLENZA

IL SIGNOR CAVALIERE

ORAZIO MANN

BARONETTO DELLA GRAN BRETTAGNA, CAVALIERE DEL REAL' ORDINE DEL BAGNO, INVIATO STRAORDINARIO, E MINISTRO PLENIPOTENZIARIO DI S. M. BRITANNICA ALLA REAL CORTE DI TOSCANA

ECCELLENZA

Offro all'E. V. l'Elogio del prode Inglese Giacomo Cook. Nè ad altri mi conveniva di dedicarlo fuorchè a V. E., da cui in questa Metropoli si rappresenta

TO HIS EXCELLENCY

SIR

HORACE MANN

BAR.T, KNIGHT OF THE MOST HON.BLE ORDER OF THE BATH, ENVOY EXTRAORDINARY, AND MINISTER PLENIPOTENTIARY FROM HIS BRITANNICK MAJESTY TO THE COURT OF TUSCANY

SIR

I here offer to your Excellency the Elogy of that intrepid Englishman James Cook. Nor could I dedicate it to any other person with equal Propriety: For in the City of Flo-

da tanto tempo con un credito così universale e costante, e in mezzo alla stima la più sincera di tutti gli ordini sì nazionali che esteri, l'Augusta Persona di quel medesimo generoso Regnante, che seppe schiudergli la carriera all'immortalità, e quell'inclita Nazione che questo Eroe ha infinitamente onorata, e di cui è stato insieme e il decoro e l'amore. Infatti l'intima relazione che è tra la gloria di quest'Uomo grande, e la gloria del suo Sovrano, giunge a mio credere ad un tal grado, onde possa dirsi: che senza la scelta di Cook, la posterità avrebbe, è vero, ammirato per mille titoli straordinarj l'illustre Regno di GIORGIO III, ma avrebbe forse ignorato uno dei non ultimi pregj del

rence you have long represented that august, and generous Monarch, who opened to this renowned Navigator a career of immortality. You have likewise obtained a constant, and universal credit, with the sincerest esteem of all ranks of people, both of your own, and every foreign Country. You have long represented that great Nation, which has even been honoured by the exploits of Cook, and of which he is the ornament, and the pride. In fact there is an immediate relation in point of glory, between this brave man and his Sovereign; which may justify me in declaring, that, had Cook never been employed, the illustrious reign of GEORGE III, *though in a thousand other respects it must have become the admiration of Posterity, would yet have been deprived of* .

ſuo Real Genio: e Cook all' oppoſto non avrebbe forſe paſſati mai col ſuo merito e col ſuo nome i confini dell' Inghilterra. Se l' incomparabile Principe unendo ai pregi di gran Monarca, quelli di ſublime Letterato, di Mecenate amoroſo delle Belle Arti, e di profondo Conoſcitor dei talenti, non lo aveſſe ſollevato dall' umile condizione in cui lo avea collocato la ſorte; Se la Reale Società che dalla mente di LUI ricevuto ha ſempre vigore, norma, ed attività, non foſſe ſtata invitata ancora a ſecondare con i progetti più vaſti le ſue vedute. ſe finalmente i prezioſi ſtudj di un Re che ama di ſacrificare gli ſcarſi avanzi di un tempo tutto occupato dai graviſſimi affari e dal deſtino dei ſuoi popoli per

are very convincing testimony of Royal Genius. And unless this incomparable Prince, this acute Discoverer of talents, this Learned, and gracious Protector of literature, and the fine arts, had exalted that adventurous Seaman from the humble situation in which he was placed by fortune, the name and merit of Cook would never have extended beyond the shores of Great Britain. Nor would his reputation have risen to its present height, had not the Royal Society, formed such projects as, were worthy of his execution; and by so doing, seconded the intention of his Majesty, from whom that Society received its wise regulations, as well as vigour, and activity. Yes, the most interesting expeditions have been directed by the wisdom of a King, who

deliziarsi nel Cielo e riconoscerlo quasi al pari della terra, servendo maestosamente non men di esempio che di regola agli Astronomi stessi più consumati, non faccan quasi la strada alle osservazioni ideate, che interessano le più celebri spedizioni, quest' Uomo inimitabile non era altrimenti quello che fu. Così mi avessero permesso le mie deboli forze di pareggiare coll' eloquenza l'ampiezza e sublimità dell' idea conceputa nel Regio animo, e l' incredibile fedeltà e fermezza con cui questo coraggiosissimo Figlio della Patria vi corrispose! Ma se mi è stato impossibile di soddisfar come conveniva ad un sì vasto argomento, avrò almeno ottenuto di far conoscere al Mondo, che sotto il cielo Toscano regna il senti-

employs his hours of relaxation from the affairs of state, in quitting the world as it were, and soaring to the heavens; and who affords a bright example of intelligence, and observation, to the most profound Astronomers; I wish that I were able with any degree of eloquence, to convey an adequate Idea of the magnanimous design of the British Sovereign, or of the inimitable firmness, and fidelity, with which that design was executed: But if my poor abilities should be deemed unequal to so arduous a task, the attempt will at least suffice to prove, that it is the boast of Tuscany to have a respect for Enterprize, and a love for Virtue. It may at the same time inform the world, that the Royal Academy of Florence received the name of Cook, with transport,

mento e l' affetto per la virtù: che la Reale Accademia Fiorentina, accogliendo il nome di Cook con il maggior plauſo e traſporto, ama di far giuſtizia agli Eroi quantunque ſtranieri; e che l' Oratore ſe non poteva onorare il merito di queſt' Uomo grande con tutta la dignità, l' onorava almeno con ſinceriſſimo zelo. Pago di ciò, null' altro deſidero ſe non che l' E. V. non iſdegni queſta benchè tenue offerta, e mi permetta l' onore di profeſſarmi umilmente.

Dell' E. V.

Devotiſs. ed Obbligatiſs. Servitore

Michelangelo Gianetti

and applause, and that it delights in giving due honour to Heroes, wheresoever they may be found. Though it should be true, that the Orator has failed in his attempt, when he wished to shew the merit of this extraordinary Man in a just point of view, yet it must be allowed, the endeavour has been prosecuted with sincerest Zeal. Under this conviction I am content, and only request, that your Excellency would deign to accept so trivial a performance, and permit me to have the honour of subscribing myself with great humility.

Your Excellency's

most devoted, and most Obedient, Servant,

Michelangelo Gianetti

ELOGIO

DEL CAPITANO

GIACOMO COOK

SE alcuna età vi fu mai nella quale potessero le nazioni latine ed i più severi filosofi riguardar meno che con sorpresa e venerazione la costanza e fermezza d'animo di un cittadino, esposto lungo tempo, per libera scelta, e senz'altro amore che della gloria e della patria, ai pericoli più tremendi e più complicati: se gli Oratori, e i Poeti non conobber mai argomento più bello per segnalarsi che le vittorie di un condottiero d'eserciti, benchè il valore, l'esperienza e il consiglio di un solo divida il merito colla forza, coll'intrepidezza, e col sapere di molti assieme, e colla fortuna medesima che nelle imprese guerriere ha gran parte; se alle Accademie più rispettabili non sembraron mai impiegati con troppa prodigalità i monumenti immortali per quegli Eroi, dal cui genio riconobbe un accrescimento di lume, o di perfezione or qualche ramo di scienza, or qualche arte utile alla società (fosse egli stato anche un solo il passo avanzato, purchè grandioso) di qual natura, e di qual grandezza non

ELOGY

OF CAPTAIN

JAMES COOK

IF in all ages the most enlighten'd nations, and the most profound Philosophers, have considered with veneration, and surprise, the mental powers, and steady perseverance of an individual, who voluntarily, and for a length of time, may have exposed himself to the strongest, and most complicated dangers, when excited by a love for glory, and his Country If Poets, and Orators have hitherto never esteemed any subjects more worthy to be celebrated, than the victorious prowess of military Chiefs, whose success depends principally upon the wisdom of others, and the valour, experience, spirit, and numbers of their troops: If the most learned societies have thought no honours, nor distinctions too great for those meritorious persons, whose useful researches have enlarged the circle of science, discovered any art beneficial to mankind, or advanced a single material step towards perfection How much more ought the general wonder, and admiration to be excited, and the talents of Poets, and Orators,

dovrà essere lo stupore e la maraviglia degli uomini, l'estro e la facondia degli Oratori e de' Poeti, il plauso delle Accademie e dei Filosofi, la gratitudine non di una sola nazione, ma di tutti i popoli e dell'intero universo, allorchè si scorge un Eroe che supera fino dai primi suoi passi la pubblica espettazione, che riunisce in se tutti i tratti i più luminosi della Spartana grandezza d'animo, dell'Ateniese filosofia, del Macedonico ardire, della Romana costanza, che tranquillo in mezzo alla folla di quelle idee, per le quali palpita il cuore in fino anche ai men timorosi, sprezza l'indomabile tirannia dei venti e l'incostanza tumultuaria dell'onde, e riflette con sorprendente freddezza ai più perigliosi e più fatali incontri e di orribili procelle e di fiere nascoste e di climi ignoti e di deserti paesi, e di selvagge sconosciute nazioni, e di popoli lontani da nostri, che tenta audace il più difficil sentiero, e le più memorabili imprese, ed arricchisce di nuove palme, e di nuovi onori la patria, e di nuove cose tutte grandi e tutte sublimi, la Nautica, l'Astronomia, la Geografia, la Storia Naturale, la Medicina, e per fino l'istessa moral Metafisica. Non è dunque uguale il mio caso a quello di mercenarj oratori, ai quali è forza sovente di ricoprire la sterilità dei loro argomenti con quella misera ostentazione adulatrice di virtù e di fatti per cui sembrando ad essi obbligati o tacere, fingono credere tutto quello che non è stato, ma è una semplice, ma felicissima conseguenza del vero, a mettere io prendo in

to be employed, when they contemplate a Hero, whose actions have ever surpassed the most sanguine public expectations? A Hero, who united in his own character the magnanimity of the Spartan, the Philosophy of the Athenian, the enterprise of the Macedonian, and the spirit of the Roman. Who tranquil, and unshaken, under circumstances that strike terror to the souls of even brave men, scorned the destructive fury of the winds, and the dangerous fickleness of the waves: who pursued his course with calm resolution, amidst rocks, and shoals, or overpowered the remorseless hurricane. Who traversed new climates, and explored wild Countries, inhabited by unknown, and barbarous savages. Who attempted, and executed, the most memorable, and difficult exploits, and who has enriched his country by new honours, and trophies, improved the sciences of Navigation, Astronomy, Geography, Natural History, Medicine, and even Metaphysical Morality. Then let me not be compared to those mercenary Orators, who are oftentimes obliged to conceal the barrenness of their subject, by a miserable affectation of forced conceits, and supposed facts: who strive to give to the bare appearance of truth, the force, and majesty of truth itself. I now undertake to shew this learned Academy, that renowned Genius of England, that new Prodigy of Navigation, the immortal James Cook, who is equally the honour of the Sailor, the Warrior, and

questa mattina a parlarvi, dottissimi Accademici, di quel gran Genio dell' Inghilterra, di quel nuovo prodigio della navigazione, di quell' Eroe che onorò egualmente la classe dei viaggiatori che dei Filosofi e dei guerrieri, dell' immortale Giacomo Cook, ho ben ragione fin da principio se io dispero di formare più che un abbozzo del quadro immenso delle di lui azioni, non che ritrarne la più perfetta e la più luminosa immagine.

Io non ricerco l'Eroe in Newcastle dove trasse i natali, se non perchè sia palese, che lo splendore e la superba magnificenza degli Avi e dei titoli ereditati, e le sfavillanti ricchezze (poichè la natura volle provvidamente negare a Lui queste e quelli) non contribuirono a farlo grande. Merita è vero l' immortalità quell' Eroe che si rende degno dello splendor de' suoi Antenati, e in vece di divenir degenere, seconda i possenti impulsi del loro esempio, del loro sangue, e delle loro istruzioni, ma Colui che tutto deve a sè stesso, che fabbricossi da sè medesimo un cuor magnanimo, ha bene un diritto di precedenza nella pubblica stima ad onta dei pregiudizj, e della tiranna opinione. Infatti allorchè le distinzioni della fortuna servono di un mezzo alle imprese, tutti gli ostacoli che essi o toglie o appiana, non possono meno d' altrettanto perdere al merito ed alla gloria dell' Uomo grande. Sarebbe ingiusto il pensare che questi ajuti avrebbero trasportato il suo passo più prontamente e più addentro nel tempio augusto della virtù. Se vi è chi ne dubiti sappia pure ambedue in quel

the Philosopher. And surely even at the beginning I have reason to despair, not only to convey an adequate Idea of his sublime deeds in true and splendid colours, but of being able in any manner to give a faint resemblance of the Hero.

I should not trace the Hero from his birth at Newcastle, were it not to shew that a proud line of ancestors, the imposing lustre of titles, or immense riches, are not necessary to make a man truly great; For Cook enjoyed no such advantages. It is true indeed that whoever renders himself worthy of his noble Progenitors, has the highest merit, if instead of degenerating from their example, he profits by the recollection of their dignity, and fame. But He on the other hand, who owes every thing to himself alone, who created as it were a noble heart in his own breast, has surely in opposition to all prejudice, and the tyranny of opinion, a much greater right to public esteem, and veneration. For in fact when vast enterprises are performed by means of the casual advantages of fortune, each difficulty, and every obstacle, that is thereby removed, takes from the fame of the Hero, and diminishes the magnitude of his actions. But it would be unjust to suppose that our Hero required any such assistance in his career of greatness. Let those who may doubt this truth

intrapresa carriera poteva distinguersi Cook e meglio e con più di rapidità, e più ancorchè se la fortuna avesse potuto o prodigamente contribuire ai suoi maggiori progressi, o avera arrestarli. Nulla fu necessario al nostro Eroe fuorchè il suo genio per sviluppare nella più tenera età sulle barche destinate al trasporto del carbon fossile la nascente indole coraggiosa, il severo spirito intraprendente, il nobil trasporto, l' attività, la destrezza, da cui si videro sfavillare ad onta dell' umile impiego, e vibrarsi per ogni parte ben mille lampi, che presagirono in Lui fin da quei momenti un nuovo Nume della navigazione.

Accostumarsi dall' infanzia ad emular nuotando le squamose turbe dell' Oceano, incontrar con giubilo le più gravi fatiche, affrontare senza scansarli o curarli i più minaccianti pericoli, rapidamente volare per le disposte corde all' alta cima delle più eccelse antenne, prestarsi a un cenno solo di chi presiede al naviglio con attività sorprendente, alle vele, alle sarte, negare alle stanche membra il riposo, alle languide pupille il sonno, furono pregi communi, è vero, con molti altri che servono alla marina; ma se Egli allora non vinse gli altri nel genere dei travagli, vinse peraltro tutti i più forti nel modo di sopportarli e di profittarne.

Gli uomini mediocri han bisogno di esser formati: i Genj formano se medesimi, e la stessa oscurità che gli involge, dà loro i mezzi di farsi grandi. Simili alle crisalidi che si perfezionano quando son nascoste a tutti gli sguardi Cook nei Vascelli mer-

inform me, in what situation he could more rapidly, or more nobly have distinguished himself, and let them also at the same time consider, whether the smiles, or frowns of fortune, could have had any influence upon the turn of his achievements. The Genius of Cook was sufficient to disclose itself in his earliest years, and on board a Collier, He there first discovered that rising courage, that firmer spirit of enterprise, that vigour, and dexterity, which he ever so eminently display'd, and which then seemed to presage the present renown of that divine navigator.

From his infancy he was accustomed to the useful practice of swimming, and could cleave the waves of the Ocean with the facility of its inhabitants, he was happy to encounter the most violent fatigue, and would oppose himself with readiness upon all occasions to the most threatening dangers; he executed with rapidity, and exactness the orders that were given him. He passed his nights in watching, and cared not for repose. It may be said that such is the situation of every sailor, but if the labour of Cook did not surpass that of others, at least he supported it with the utmost fortitude, and drew from it an unusual improvement, and advantage.

Men of moderate talents require to be formed, but true Geniuses perfectionate themselves. They become great by means of surrounding obscurity, as some insects undergo an advantageous change while hidden in the web. When Cook was serving as a

canali ed al servizio della marina non era che uno della folla agli occhi della folla medesima, ma appunto in tale stato potè imparar senza inganno ciò che era l'uomo comunemente, e ciò che avrebbe potuto essere: e questo bel privilegio che han le grandi anime non distratte dal rango o dall'opulenza, cioè di non esser deluse coll'artefatta pittura e sovente erronea su cui si fa studiare ai nobili il mondo, lo rese così in breve e così profondamente istrutto del conoscere generale degli uomini, del particolare delle nazioni, della natura dei climi, della costituzion delle terre, delle vie e degli ostacoli del mare, de' suoi tumulti, delle sue calme, de' suoi cangiamenti, che a dispetto di nota oscurità si trovò in grado ben presto di avere in mano egli solo tutto il deposito della gloria di sua nazione, e di regolare il destino delle sue armi. A lui si affida il delicatissimo incarico di segnare il corso ad una parte della flotta Inglese, di scegliere i luoghi, i tempi, le divisioni opportune allo sbarco delle sue truppe sopra le coste del Canadà per il famoso assedio di Quebec. Allora si intese bene, che molto vale è più utile un solo uomo di senno, che mille forze guerriere; e dalla prudenza di Cook e dalla sua cognizione di quel vastissimo fiume, più che dal peso delle sue armi, dovè riconoscere l'Inghilterra le sue vittorie. E questi son quei momenti appunto, ne' quali un Eroe perde il diritto di vivere a se medesimo. La Patria infatti appena ha conosciuto i talenti di un Cittadino, gode altamente non esser questi che un patrimonio tutto devoto a

common sailor on board a merchant ship, he appeared but as an uninteresting individual in the eyes of the world. It was precisely in this situation that he learnt to discover what man really is, and what he is capable of becoming. And this privilege of enlarged souls, undistinguished by rank and opulence, which is, the not being deluded by false colours, and afterwards by error, as is generally the case of the Great and powerful, instructed Cook, in a short time, and fundamentally, in the general characters of men, and in the particular characters of nations. He made himself acquainted with the nature of different climates, with the construction of the earth, knew thoroughly all the seas he had traversed, their dangers, their storms, and their calms, and to what changes they were liable. In defiance of all obstacles arising from his situation, he soon became the depositary of the national honour, and his instructions regulated the course of a British fleet. He was entrusted with that very delicate commission, and chose himself the proper time, places, and opportunity, for the disembarkation of troops, on the coast of Canada, at the famous siege of Quebec. From hence it appears, that sometimes one man of talents, is of more utility than even a thousand desperate Soldiers, for to the prudence of Cook, joined to a perfect knowledge of the immense river of S.t Lawrence, England may as much attribute her victory upon that occasion, as to the memorable prowess of her Arms. At such times a Hero gives up the right of living for himself, for whom his Country has discovered

lei sola. Così ella parlò a Cook, e Cook ne intese la voce profondamente, e ne giurò l'osservanza. Quindi se i sapientissimi Presidenti dell'Ammiragliato divengon suoi Mecenati, se viene egli onorevolmente spedito a riconoscer le coste di Terra-nuova e di Labrador, se a poco a poco lascia un enorme distanza fra se e quelli che poco innanzi ebbe per eguali o maggiori se in una parola diviene ben presto superiore a quell'invidia che egli non seppe mai nè provocar nè temere, è questo un trionfo, non saprei dire se più bello per la virtù che lo merita, o per la Nazione che lo distingue e che da questo momento rivede in lui rinnovate le antiche glorie degli Hudson e dei Davis. Nè era in fatti equivoco il merito del nostro Eroe. Non la semplice robustezza del braccio, non il fuoco di un'anima disperata, non il favor casuale della fortuna, non le materiale notizie delle Geografiche posizioni eran la base del suo credito, come lo furono per tanti altri. Udite e stupite. Dal tempo stesso in cui rimanea confusa col volgo aveva appreso quella grand'Anima fra tanti altri suoi pregi a sollevarsi alle stelle, a riconoscerle tutte, a passeggiarvi da Astronomo. Che sì qual morte ingiuriosa sepolta avrebbe sì bella gloria, se la natura non concorrea colle combinate sue leggi ad offrirgli un campo per segnalarsi! Cadea nel 1769 il passaggio di Venere sopra il disco solare, e le Accademie d'Europa non si occupavano che in un sì importante fenomeno, il quale tanto interessa i più delicati problemi dell'Astronomia e della Nautica. La Real Società di

his particular talents, she openly claims them as her own property. So it was with regard to Cook. He heard the awful voice of his country, and determined to obey it. If upon this occasion the Lords of the Admiralty honoured him with their protection, if they sent him on an expedition to examine the coasts of Newfoundland, and Labrador; if he soon left at an immense distance those, who had hitherto been his equals, or his superiors, if, in short, he soon raised himself above envy, with he had never either provoked, or feared, it was indeed a triumph, as flattering to his virtue, and merit, as to the nation that distinguished him, and that now again saw renewed the ancient Glory of Hudson, and Davis. Nor was the Excellence of our Hero at all equivocal. It was not merely bodily strength. It was not the fury of desperation, the smiles of chance, nor a simple knowledge of Geography, which formed the basis of his credit, as they have done of many others No, Hear it with astonishment, from the very time when he was hidden in the obscurity of the vulgar, his extensive mind began to contemplate the heavens, and from thence passed to the study of Astronomy. And who can say what a dark night would have concealed his glory, had not nature, consistently with her laws, concurred to give him an opportunity of signalizing himself. In the year 1769 happened the transit of Venus upon the sun's disk, and the Academies of Europe were occupied upon this important Phenomenon, that was so very interesting for Astronomy, and Navigation. The Royal Society of London, whose vigorous

Londra tanto animata nelle intraprese quanto è grande e magnanimo il cuore di Giorgio III, concepì ben presto l'idea di una spedizione nei più rimoti paesi Australi fra il 140, e il 180 grado di longitudine Ovest dal meridiano di Greenwich, donde sarebbesi ricavata alle osservazioni una utilità straordinaria. Genio, Verità, e Ben pubblico son quei Numi, ai quali tutto sacrifica un'illuminato Monarca, e tutto sacrificò questo Re immortale. Ecco aperti i tesori, ecco allestito l'avventuroso vascello, ecco donato il più bell'augurio all'impresa nella scelta del nostro Eroe. Va, gli disse il Re, la Società, e la Patria, e partito dall'Isola di Taiti, a cui di già Wallis aprì il sentiero, avrai soggetti gli astri ai tuoi calcoli, scorri, esamina, scuopri, e portando l'Anglico nome fino alla nuova Zelanda, correggi le mal vedute nozioni, rettifica la costruzione Geografica, cerca dei nuovi sentieri, e torna con quella gloria che sia degna e del Tamigi, e di Te.

So che una spedizione di tanto rilievo, in cui quasi tutte le Scienze e le Arti erano necessarie, era propria appunto per Cook, ed oso dire che egli solo bastava per corrispondervi esattamente. Ma l'uomo grande è quello appunto che meno affetta grandezza, e il più sincero amante del vero è quello che non isdegna, anzi procura compagni nell'indagarlo. Così laddove una mediocre virtù teme gli emuli, la sublime gl'incontra. Si ha da decidere di un problema Astronomico? Egli benchè Astronomo vuole al fianco il celebre Green. La storia

undertakings are worthy of the magnanimity of their patron George III determined to send an immediate expedition into the most distant southern countries, between 140, and 180 degrees of western longitude from the meridian of Greenwich, as the observations to be there made would be productive of great, and general utility. An enlightened Monarch will sacrifice every thing to Genius, Truth, and the public Benefit, and so did that immortal king. Behold! instantly the necessary sums were bestowed, the adventurous vessel was prepared, and, as a happy omen, Cook was chosen to direct the Enterprise. Go, said his Sovereign, the Society, and his Country, go to the Island of O-Taheite, to which Wallis has pointed out the way, and there regulate the stars by your calculations, visit, examine, and make discoveries, bear the British name to New Zealand, rectify false opinions, improve Geography, discover new passages, and return with a glory worthy of your Country, and yourself.

I am well convinced that an expedition of such consequence, in which almost every art, and science, had an interest, was adapted to Cook with peculiar propriety, and I may say, that he alone was equal to execute it to perfection. A truly great man makes no display of his greatness; a friend to truth does not despise assistance in his pursuits, and where a moderate degree of excellence may dread a rivalry, a superior one encourages it. Cook when he had occasion to solve an astronomical problem, though himself an astronomer, had recourse to the celebrated

notomia è un'oggetto degno di riguardo in sì segnalato viaggio? Egli accoglie con giubbilo i due gran Filosofi Banks e Solander, che animati dal genio istesso e dallo stesso medesimo spassionatamente si uniscono a lui. Si provvede unicamente all'Europa di aver sotto l'occhio e la situazione delle nuove terre, e la loro figura, e i costumi dei loro abitanti? Egli si cura di trovar modo con che occuparli, adunando disegnatori e pittori, che fedelmente ricopino ciò che l'arte e la natura di più sorprendente e di più raro presentarà in nuove spiaggie remote. Così formossi non uno stuolo di conquistatori tiranni, che porta l'esterminio e la desolazione in quelle terre selvaggie, non una turba di avidi Mercatanti che tutto confondono fuor che l'oro e le gemme, ma una compagnia di Filosofi, amanti dell'uman genere, e trasportati dalla sola ardente brama di cognizioni e di verità.

Ad onta delle procelle che tentano atterrare il suo coraggio, vola l'instancabile Eroe, e già traversata l'Isola di Madera e Rio Janeiro, giunge allo Stretto de la Maire e al Capo Horn, scuopre gli errori della carta del Barone Hermite, quelli di Schouten e dell'istesso la Maire e nella situazione delle terre e nelle mal indicate latitudini e longitudini dei luoghi, egli ne determina i veri punti dalle osservazioni degli astri coll'esat-

Green. The improvement in natural history which might be acquired in this voyage, was deserving of the utmost attention, He therefore most willingly took with him those two famous naturalists, Banks, and Solander, who, being animated by the same genius, and similar zeal, spontaneously attached themselves to him. The precise knowledge of the situation of countries newly discovered, their nature, and the customs of their inhabitants, were surely objects of consequence to all Europe; he therefore selected the most able draftsmen, and painters, being sensible how much they would be wanted to give a just representation of the many extraordinary objects, both natural, and artificial, which must necessarily present themselves. In this manner was assembled, not indeed a dangerous band of conquering tyrants, who were to scatter on every side terror, and desolation; nor an avaricious tribe of sordid traffickers, eager in the pursuit of gems, and of gold, but a company of Philosophers, the friends of humanity, who were solely excited by a desire of knowledge, and a love for truth.

The dauntless Hero pursued his course with steady resolution, in defiance of opposing tempests, having visited the islands of Madeira, and Rio Janeiro, he reached the straits of le Maire, and arrived at Cape Horn; he discovered the errours of the Dutch fleet under Hermite, of Sebastian also, and even le Maire himself, with regard to the situation of the lands, and the latitudes, and longitudes, of places. These points he rectified by the most exact astronomical observations, he remarked the

nota più ſcrupoloſa, ſegna le variazioni dell' Ago, nota le ſtrane correnti che fra lo Stretto e il Capo Horn hanno la direzione al Nord Eſt, eſamina la Terra del Fuoco, deſcrive le baje ſicure, i luoghi delle ſalubri ſorgenti e delle utili piante, e colle prudenti iſtruzioni e conſigli, e coll' eſattiſſima Carta dilegua i timori di quei pericoli immenſi che minacciavanſi ai Viaggiatori di mare nel raddoppiarſi del Capo Horn, in ſomma non punto di ſue ſcoperte geloſo, come lo ſono ordinariamente gli ſpiriti limitati, nulla traſcura, nulla naſconde, tutto avverte, tutto rettifica per il vantaggio di coloro, che intraprenderanno in queſte parti la loro navigazione.

Qual merito infinito non acquiſtoſſi da' quel momento con tutte quante le commercianti nazioni della terra queſt' inclito Condottiero? Là dunque ove pria non temeaſi che ſi ſchiudeſſero gli abiſſi, ed in profonde voragini ſi perdeſſe ogni naviglio, là dove tutte le funeſte immagini del terrore ſi erano con prodigio raccolte, e nello ſpaventevol proſpetto di terre diſertiſſime, di orrendi ſcogli naſcoſti, di venti così ſuneſti come incoſtanti, di fondo incerto, d' inacceſſibili lidi, d' altro non ſi parlava che di una morte inevitabile, o di un continuo pericolo, eccovi a un tratto mercè di Cook (ei ſcoperti gli errori, ei ſoſtituite altre direzioni, ei diſſipati gli oſtacoli) prendere una nuova forma le terre e i mari, aſſicurarſi le vie, avvantaggiarſi la Nautica ed il Commercio, e non laſciarſi nel mare immenſo ſconoſciuto uno ſcoglio, una profondità, una ſpiaggia

variations of the needle, and described the currents, which, in those parts, take a North east direction. He examined the Terra del Fuego; made himself acquainted with the safest harbours, salubrious springs, and wholesome vegetables. The prudence of his instructions, and the exactness of his Maps, have removed the dread of those dangers which Navigators encounter in doubling that Cape. Cook was by no means jealous of his discoveries, as on the contrary is generally the case of narrow minds, he neither neglected, nor concealed, but rectified, and explained, whatever could be of use to those, who hereafter might traverse that turbulent Ocean.

How great are the obligations conferred upon mankind by that indefatigable Seaman! Where the most horrid dangers had lately threatened, in the immense abyss, or the destructive whirlpool, where every vessel was almost sure to perish, where terror had collected the images of despair, amidst hidden rocks, storms and inconstant winds, unknown passages, and inaccessible coasts, by the wisdom of our Hero security has been established, and all dread, and difficulty removed. the earth has been thrown under a new form, and commerce and Navigation have been rendered safe, for in those immense seas not a shoal has been neglected, nor a depth untried, nor a danger unexplored.

Giunge finalmente l'avventuroso Naviglio alle fertili sponde della beata Taiti. Ed ecco il Filosofo, ecco l'amico della umanità. In vano voi temereste o stragi. Qui non si appressa un orgoglioso distruttore dell'altrui libertà, non un furioso invasore [illegible] cui nulla costi lo spargere il vostro sangue, ed il seminare dovunque la miseria, la strage, ed il pianto, non un crudel ministro della tirannide, che sappia condurvi [illegible] al [illegible]. Oh! felicemente potreste intendere quali ordini escono da quelle labbra! Voi non sapreste non adorarlo qual Nume.

Che si usino le più esatte maniere per conservare una perfetta armonia coi Naturali del Paese, (1) che si trattino con affettuosa e costante umanità, che si rispettino le loro sostanze, il loro sangue, i loro costumi, che si perdoni perfino alle lor furberie, ai loro difetti, alle loro sviste medesime. Questa è la legge inviolabile che prescrive Cook, legge ben degna di un cuor da Eroe e di uno spirito magnanimo. Chi non sa cosa sia un Inglese Comandante di mare fuori della sua Patria in remote Regioni, non può intendere il valore di questo nobile sentimento. Ma un differenza siffatta che non apparirà per chi non avesse saputo apprezzare ai pensieri che la forza e il furore, era agevole all'anor di Cook, cui la prudenza, il consiglio e l'attività dello spirito somministravan più modi di trionfare, che lo spavento e la strage non ne sapessero mostrare un tempo a tutti gli empj sterminatori dei Regni.

(1) Voi Voyag. du Capit. Cook abrégés par J. Hawkesworth vol. III p. 316 edit. de Paris 1774

At length the adventurous vessel arrived at the fertile shores of O Taheite, Here we may observe the Philosopher, and the friend of humanity, he came not a cruel destroyer of liberty, he came not to shed blood with the sword of an invader, he was not the barbarous minister of dark tyranny, he occasioned no wretchedness, nor slaughter, he sought not for captives to send home in chains. No, the following were his sentiments, and his declarations, consider them, and adore him as a Deity.

He order'd that every method should be made use of, to preserve a perfect harmony with the Natives, that they should be treated with tenderness, and humanity, that their huts, and properties, should be safe, their customs be respected, and that even their savageness, their faults, or their mistakes should be pardoned. These were the immutable laws of Cook, worthy indeed the brave, and generous heart of a true Hero. Whoever is ignorant of what an English Sea-Captain may be, when far distant from his country, cannot perceive the immense value of these sentiments. It is true that if a different system had been adopted, if force, and fury had been exerted on all occasions, the honour of Cook would have suffered an injury whereas his prudence, his judgment, and the vigour of his mind, afforded him other means of triumphing, than fear, and slaughter, which are always employed by tyrants, and detestable destroyers.

Cooco, e prudente nel trattare con quelle sconosciute nazioni, giusto nei contratti, rigido nei castighi contro i suoi in faccia ai medesimi selvaggi che ne avessero recato alcun torto, sempre severo della condotta di chi abusavasi dell' autorità, ora incoraggisce e con doni e con cortesi maniere l' intimorito Tana, ora veglia ad assicurare dai predatori personali il suo Vascello, ora si fa rispettare col solo tuono della sua voce e con quell' aria d' Eroe che gli splende in volto, or finalmente [illegible] gli [illegible], e fisso sempre nel grande oggetto del suo viaggio, scoperto (1) il luogo adattato all' osservazione celeste, gli richiede, gli ordina, ne fissa i confini, gli arma, gli premunisce, prefigge i casi lontani e vi si prepara, fa rassicurare i [illegible] de' barbari, i precipitosi tumulti e le furie dei suoi, riaccompone gli animi, e con i tratti i più generosi si rende al fine il Padrone di quella spiaggia contesa.

Niuno fra tanti celebri osservatori dell' importante fenomeno, che si sparsero per la terra in un Epoca così memorabile, deve comprar come Cook coi travagli e colla costanza quella quiete che è indispensabile alle scoperte astronomiche. Più fortunati, ma meno [illegible] gloriosi [illegible] si avvicina

(1) Ivi pag. 108

Cautious in treating with unknown nations, just in merchandising, rigid in punishing his own people before the eyes of the inhabitants, whenever an insult, or injury had been offered, severe in censuring those who had abused his authority, with gifts also, and kind behaviour, he gained upon the natives of O-Taheite. At one time, he was occupied in securing his vessel from surrounding dangers, at another time, he made himself respected by the thunder of his voice, and that heroic dignity which was visible in his countenance; lastly he knew how to win the general affection. Being always steady to the main object of his voyage, he carefully sought out those places which were best suited for the observation of the heavens, and which never failed to be granted at his request. These places, he furnished with all things necessary, drew a line around them, and appointed a guard. He foresaw every possible accident that could befal him, and took proper measures for prevention. He restrained the thefts of the natives, and the hasty and inordinate fury of his companions; he subdued their spirits, and by the greatest generosity, and moderation, he became at last the master of that remote country.

Of all the celebrated observers who where employed in different parts of the Globe, at the memorable Epoch of the before mentioned Transit, there was no one who had such difficulty, and labour, to procure a quiet, and solitary situation, so fit for astronomical researches, though in the result others were more fortunate.

il momento, e si decide di nulla meno che di fissare colla direzione conosciuta, e colla durata prevista di un così raro passaggio, una moltitudine immensa di Teoremi Astronomici, i quali formano il desiderio e l'aspettazione dei saggi. La parallasse del sole da definirsi, la posizione dei nodi dell'orbita da riconoscersi, le planetarie distanze da determinarsi senza dedur tutto ciò dal calcolo equivoco della differenza dei meridiani, debbono essere le prime conseguenze di questa impresa, nè dal momento nel quale il celebre Halley seppe riconoscerle dipendenti da un tal principio e ravvisarne l'immensa fecondità, si eran fatte ancora sicchè una volta (nè senza qualche incertezza) le osservazioni, che rese inutili adesso, più non potrebbero sventuratamente per un gran numero di anni correggersi o rinnovarsi. Quindi per assicurare le scoperte, moltiplicandole e combinandole insieme, spedisce in parte diverse i più illuminati compagni, ed egli con Green resta ad attendere in sul medesimo lido il sospirato passaggio (1). Non è poi vero che la fortuna attraversi sempre i disegni della virtù. Una nube sola, un principio sol di caligine non ardì turbare l'occupazione misteriosa dei nostri insigni Filosofi. La grave atmosfera che cinge Venere d'ogni intorno poteva spargere dei dubbj sopra l'esatta misura dei veri istanti dei due contatti col sole, ma la prudente risoluzione di preparar dei confronti, la

(1) Pag. 386. 389. 390. vol. [illegible] il vol. 61 delle Transaz. Filosof.

their glory else must be more circumscribed. And now the moment was at hand, when the most weighty problems were to be solved, for the information of the learned, of no less importance, than to settle a vast variety of astronomical Theorems by the true direction and precise duration of the planet's passage over the solar disk. The Parallax of the Sun was on this occasion to be decided, the position of the Nodes of the orbits to be determined, the distances of Planets to be ascertained, without having recourse to the uncertain calculations of the difference of meridians. And these were to be the first consequences of this renowned enterprise. From the time when the celebrated Halley discovered the immense utility that might be derived from that phenomenon, it had only once presented itself to the observation of Mankind, and it had then been attended to with great inaccuracy, and these very observations are now totally useless on account of the precision with which the subsequent have been taken. But had these latter unfortunately failed, much time must have elapsed before they could have been either corrected, or renewed. Cook, that his Astronomers might have the greatest precision, multiplied experiments in various places, to be able to compare them with each other, and employed the most enlightened persons; while he himself, together with Green, remained upon the coast to wait for the long wished for passage Fortune does not always baffle the designs of mortals; for not a single cloud, nor the slightest mist, in any way impeded the operations of these Philosophers. The dense atmosphere that encircles Venus, might occasion a doubt of the precise instant when the body thereof

consumata esperienza nel delicato maneggio degli strumenti, il possesso estremo delle più nobili teorie della luce, vinsero la non preveduta difficoltà, e [illegible] il nostro Eroe della malagevole impresa.

Eseguiti i doveri di osservatore del Cielo, volge alla Terra tutte le cure per comprenderla percorrerla da pacifico trionfante; nè appena scioglie le vele per la nuova *Zelanda*, che quasi novera i giorni colle scoperte. L'Isole di Tethuroa, Uhetea, Otaha, Bolabola, Huaheine, Tubai, Maurua, chiamate da esso le Isole della Società, son le prime a offrirsi alle sue ricerche. Le esamina, le determina, ne descrive le Baje, i passaggi, i canali, i prodotti, le arti, i costumi. Vela nell' Isola d'Oheteroa e la riconosce, ritorna al Cielo col guardo e vi segna nuove conquiste nella recente cometa che vi si scuopre. S'inoltra fino al 38° grado di latitudine meridionale, si inoltra con uno sforzo d'intraprendenza in un vasto incognito Oceano, e abbandonato dal lume dei precedenti viaggiatori, in braccio al solo suo coraggio, penetra nel 181mo grado di longitudine Ovest, ed è già presso a quei lidi a cui gli antichi (appropriatevi colla sola immaginazione) aveva dato il nome di terre incognite Australi, ed a cui si appressò appena il Tasmano, che volse indietro velocemente le prore, intimidito dalla ferocità esecrabile degli snaturati abitatori. Questa è la nuova Zelanda. A questi lidi fatali, tra questi stessi pericoli

planet would enter and emerge with the sun. But by these prudent regulations, by his consummate experience in the management of his instruments, and by his perfect knowledge of Optics, he overcame this unforeseen difficulty, and rendered himself master of so arduous an undertaking.

Having completed the astronomical part of his commission, he now turned his thoughts towards the improvement of Geography. Every day, after he sailed for New Zeland, was a day of discovery. The first islands he met with, were Tetharoa, Ulietea, Otaha, Bolabola, Huaheine, Tubai, and Maurua, to which he gave the general appellation of the Society Isles. These he thoroughly explored, and has described their Bays, their straits, their Creeks, their productions, their arts, and their customs. He became acquainted with the island of Oteroah: then again he directed his attention to the Heavens, and made some useful remarks on the Comet that was at that time visible. He pushed forward to the 38th degree of southern latitude, and with a noble spirit of enterprize, advanced into a strange, and immense Ocean, and though he had no assistance from preceeding Voyagers, but led on solely by the impulse of his own courage, reached the 181st degree of western longitude. And now he reached those shores, to which the ancients, who merely imagined them, gave the name of the unknown southern Continent, and which Tasman who ascended them in reality, immediately quitted, having been shocked, and terrified at the execrable barbarity of the unnatural inhabitants. That Country was New Zeland: to these fatal coasts, and crafted

che altrettanto avevano i più forti, si spinge ardito l'invitto Eroe, risoluto di mai non cedere nè agli ostacoli nè ai cimenti, finchè non abbia acquistato di quell'immenso Paese quelle nozioni che si è prefisso, e che si bramano alla sua Patria. Un Filosofo che può fare entrare nel piano dei suoi disegni il valore e la forza, un Capitano che può misurare i trasporti del suo coraggio con il sapere e colla prudenza, è il solo capace di esporsi a tali cimenti. Oh Patria! oh amor dell'umanità! dovete voi dunque unirvi scambievolmente per fare una prova della virtù? Egli ha giurato però di conciliare l'uno e l'altro a qualunque prezzo, fosse egli quello del proprio sangue e della sua vita medesima. Quell'armi, che furono in altre mani le compagne dell'orgoglio e le ministre dell'ambizione, son nelle sue, per legge inviolabile, il sostegno solo della virtù, il solo appoggio della difesa, e l'argomento più bello di quella nobil moderazione, che nasce non dalla debolezza ma dal riflesso, non da una vile paura ma da un animo superiore al cimento. Tutto però sembra vano. Impiega egli le più cortesi maniere con quelli barbari? le maniere cortesi son ributtate villanamente. Profonde i doni? l'usata profusione gli fa conoscere ignota universalmente in quei climi la gratitudine. Tuona coi fulmini della guerra per far conoscere quel ch'Ei può, e per ammansar quelli spiriti col timore? il timore o non si conosce in questi lidi o si confonde colla disperazione e col furore. Quindi trasportati da quella fiera ferocità in una

dangers, which had alarmed the most brave, the resolute Briton daringly advanced. He was determined not to shrink from any obstacles, nor to be repulsed by any distresses, until he had acquired the complete idea of that extensive land, which his Country expected to receive from him. The man who can add valour, and energy to true Philosophy, The leader who can regulate his courage by prudence may encounter any, the most cruel hazards. And must then, alas! the love of our Country, and of humanity, for ever clash in the pursuit of virtue? Cook was determined to unite them, though at the expense of his life. Those arms which others have misused to support their pride, and as the horrid monsters of destruction, were solely employed by him in the establishment of justice, and in his own necessary defence. and served eminently to prove a noble man, not the signals of weakness, but of reflection, not of low policy, but of greatness, and magnanimity. Unfortunately every exertion seemed to be vain, the barbarians repelled both his courtesy, and his kindness he was prodigal in giving. and from nature discovered grounds to be a stranger to that climate. He bade the thunder of his cannon speak his power, he strove to subdue the spirit of the inhabitants, by calling forth their fears; these strangers knew no fears, or if they did, lost them in unbounded fury, the feigned severity of Cook roused them to a cruel ferocity.

vera e brutale ferocia, vengon sollevandosi ed osano a sfidar la morte, si eccitano al tumulto e alla strage, e si divorano per la smania di non aver mezzi pronti, da fare in polvere in un momento il Capitano, i seguaci, l'armi e il vascello medesimo. Qual Filosofo o qual Eroe potrebbe ancora sperare un termine fortunato ai suoi disegni? Il nostro Cook fu appunto quello Filosofo e quello Eroe. Persuaso profondamente che l'uomo non è formato da sua natura per la barbarie, e che sebbene i pregiudizj, l'educazione, il temperamento, il clima, i cibi, l'esempio, sembrino poter giungere a soffogare i principj della ragione i più semplici, non possono però estinguersi mai affatto vi dee per esser, diceva, qualche vestigio sicuro per introdurre nell'animo anche del più snaturato selvaggio i sentimenti del giusto e del vero. Ed eccovi la Filosofia trionfar di quello, su cui la forza sarebbe ormai divenuta inutile, astretta o a cedere vergognosamente o a farsi rispettare con una vendetta ancora più vergognosa. Quei feroci Cannibali non potevano giudicare degli altri che da se stessi, e avevan bisogno di una lezione parlante ai sensi, per accertarsi che eravi sulla terra degli uomini regolati da massime differenti e da più soavi costumi, e questa fu la lezione che diede loro. Impossessossi in fatti di alcuni di quei selvaggi, mentre costoro già palpitano, immaginandosi di essere destinati secondo le loro ostili usanze in pascolo a vendetta, mentre i compagni da lungi stanno osservando col livor sulle labbra e con

blinded with rage they defied death, and urged on each other to tumult, and to carnage, while their inability to conſume the ſhip, and utterly deſtroy their myſterious viſitors, excited them to madneſs, and drove them to deſpair. Who but Cook under ſuch circumſtances could hope for ſucceſs? yet ſuch he did, being firmly perſuaded that Man is not naturally bad, and that however climate, food, example, or the prejudices of education may operate to the contrary, yet it is ſtill poſſible to convey to the mind of the moſt unnatural ſavage, an idea of juſtice, and a ſentiment of truth. In this inſtance behold the triumph of Philoſophy; for force would have been uſeleſs, and the conſequence could only have been, to render him contemptible if he were compelled to yield, while vengeance, in itſelf ſhameful, might have made him dreaded, but not reſpected. Theſe ferocious Cannibals could form no judgment of others, but from what they felt themſelves, it was neceſſary therefore to convince them, that there were men exiſting, who were influenced by different maxims, and who adopted gentler manners. This conviction was to be addreſſed to their ſenſes, and he ſucceeded in the attempt. Having found ſome of the natives, who imagined, that, according to their own ſavage cuſtoms, they were to become the food of the conquerors, while their friends gazed afar off, with pale countenances, and hearts torn by anger.

nelle furie nel cuore l'asprezza selvaggia, gli abbraccia, gli rassicura, gli colma di benefizj, gli fa istruire dal Taiti Tupia (1) che sorprendentemente comprende aver con essi quasi comune la favella, del dolce carattere dei viaggiatori e della loro mite innocenza, e gli rimanda alleati e liberi ai loro amici; a coronar lo stupore che già gli aveva preoccupati, con un trionfo il più segnalato, perchè si cancella dal cuore di quelle anime feroci la diffidenza e il sospetto (perchè non possa di poi su di pochi dianzi), gli chiama almeno un più comune desiosi dell'ospitalità, ansiosi d'intendere, di conoscere, di vis-gar, di disfruttare ciò che si vuole, e gli rende alfine suoi commercianti ed amici. Vengano adesso in confronto i sanguinosi trionfi degli Alessandri, degli Scipioni, dei Cortes, dei Pizarri, e si decida se certe conquiste che disonorarono il cuore umano e rendono la gloria un'usurpazione e un delitto, abbiano nulla da fare al merito di Giacomo Cook. Si danno adunque fra quelle genti pacifiche e vantaggiose [illegible] insieme con feste elevi le palme, e sorta l'augusta schiera dell'amoroso Tanago.. Ma non restano ancora da darsi prove più forti da cuor magnanimo ed imperturbabile, e Cook dopo di aver superati tutti gli sforzi dell'umana ferocia, dee prima volgersi ad affrontare

(1) Fu a Taiti che Cook si compiacque [illegible] de' suoi [illegible] che si [illegible] volontieri a seguirlo ne' suoi viaggi, e che gli furono [illegible] spesse volte di un [illegible] utilissimo per [illegible] i costumi dei Selvaggi, per intendere la lor favella e per discoprire qualche terra vicina. Ved. Vol. III pag. 91, 133, 264 Ved. ancora il Vol. I del secon. Viag. Cap. XIII

and defency. Cook entreated his prisoners with affection, dissipated their fears, and won upon them by gifts, and kindness. Tupia who had accompanied him from Otaheite, instructed them (as fortunately there was a similarity in their languages) that their captains were of a gentle, and of an amiable character. Under these impressions they were released, and permitted to return to their comrades, who received them with satisfaction, and astonishment. If by these means he did not entirely conquer their suspicions, which effect can never be produced in a moment, he at least gave them a notion of hospitality. He succeeded in his wish to form some acquaintance with them, to make what observations he chose, to induce them to commerce, and lastly to become his friends. Let us here consider the bloody triumphs of Alexander, Scipio, Cortes, and Pizarro, they dishonour the human heart, they make Glory an usurpation, and a crime how then can they in any respect equal the noble views of the bold Briton? let him therefore and his faithful companions bear the laurel, and the olive on their successful vessels to the waters of the Thames... No, he was yet to give other, more striking proofs of valour, and generosity of soul, having subdued human ferocity, he had to encounter the fury of the elements. but nothing could shake the strength of his mind. He quitted New Zeland, and sailed for Van Diemen's land, to

il contrasto degli elementi. Nulla spaventa questa grand'anima. Abbandonata la nuova Zelanda, vola alle terre di Van Diemen per conoscervi un nuovo immenso Paese, allorchè impegnato in un tratto in mezzo ad una fitta catena di scogli e d'apparenti isole di corallo, vede arrestare il Vascello, urtare in una rupe, frangersi....qual orrore! quale scoraggimento (1)! Mari sconosciuti, terre ignote, profondità sempre incerte, abissi che si spalancano ad ogni momento, acque che penetrano d'ogni intorno, nere immagini di desolazione e di morte, avvilimento nell'equipaggio, sterilità nei compensi! Eppure sì gravi e sì complicate sciagure non spaventarono il nostro Eroe. Ora questi anima, ora a quelli porge un aiuto, ora ispira a quelli fiducia, ora a quelli rinnova le idee del natio coraggio, e tutto impegna sè stesso a far da condottiero e da marinaro alle vele, al timone, alle funi, alle trombe, che sembra infine obbligare il Cielo medesimo in sua difesa per superare il disperato pericolo. E trova alfine un asilo in quella nuova costa all'imboccatura di un Fiume da fermarvi il Vascello, da trarne fuori il suo carico, e da provvedere al bisogno. Già è riparato il naviglio, già si rimette alle vele, ma non per questo è terminato il cimento. Prender la via traversata ancora, è periglio; proseguire innanzi, è temerità. Potrà alla fine la massima del dovere e la speranza di gloria, far scegliere il partito più disastroso? Sì. Egli lo elegge, ed affronta tutti i pericoli, e amando meglio, come

(1) Vedi Vol. IV pag. [illegible] e seg.

explore that immense country. In the course of the voyage he suddenly found himself surrounded by many an alarming coral reef, and his vessel struck upon a rock with a violence that seemed to threaten immediate perdition. What a terrible situation was this! all was uncertainty, the sea, and the coasts equally unknown, while a dark abyss seemed yawning to devour him. The impetuous waves rushed in on every side, and presented the gloomy images of desolation and of death. Confusion seized upon the sailors, and promised recompence was vain, yet the intrepid James Cook surmounted every difficulty, he at last roused the seamen to alacrity, inspired them with fidelity, animated their courage by reminding them of their national character of bravery, gave his personal assistance like one of themselves, and at the same time showed he was their Captain. He was present in all parts of the ship, till he had forced as it were the very heavens to his assistance and protection, and had arrived in safety at the mouth of a commodious river on those shores. Here he unloaded for the purpose of refitting, which being done, he again sailed to meet the fresh dangers that were yet in store for him. The risk would be too great to return by the way he came, to advance was an excess of temerity, but the sense of his duty, and the hopes of glory, prompted him to embrace the more desperate

ei diceva, di esporsi al rimprovero d'imprudenza e di temerità, (rimprovero che pur troppo gli uomini oziosi e deboli ai pa-uri prodigalizzano francamente al coraggio e alla intrepidezza, quando i loro sforzi restarono senza effetto) che di abbandonare una terra a un solo nota e sconosciuta ad ogn'altro, e di avventurarsi una guida nessuna di pusillanime corona le mar-che di tutti i viaggiatori, supera tutti gli ostacoli e scuopre l'immensa nuova Galles meridionale, indi passando un investi-gato sentiero tra quella e la nuova Guinea, a cui dà il nome del suo vascello Endeavour, per la via di Batavia e del Capo di Buona Speranza torna alla Patria colmo di gloria e di meriti fralle acclamazioni del popolo, fragli applausi della R. Società, tra il giubbilo dell'Ammiragliato e tragli encomj dell'adorabile suo Sovrano.

Un uomo però sì utile allo Stato e alle Lettere, sì nemico dell'inazione e dell'oscurità, non ritorna alla patria per sep-pellirsi nelle ricchezze e le pompe del superbo Tamigi, o tralle delizie e i comodi che giustamente gli preparò la gratitudine de' suoi. Sdegna egli una lusinghevole quiete che può corromper sovente anche le anime grandi, e quel riposo che suol essere pur di rado il funesto germe dell'ozio, nemico il più formidabile della virtù degli Eroi. Cook non era nato per questo. Giorgio III e quei sapientissimi Uomini che presiedono al Ministero ed all'Inglese Marina, si rivolgono a contemplar quell'anima grande, come uno di quei luminosi prodigj, nel

censure, and oppose himself to every misfortune; rather choosing to be deemed rash, and imprudent, than incur the imputation of pusillanimity. for the former is ever the reproach thrown out by idle, and the licentious, when the brave, and enterprising, fail of success. Cook therefore would not abandon a country known only to himself, he far surpassed all other voyagers, overcame all difficulties, and discovered the vast Country of New South Wales, between which, and New Guinea he entered a strait, called by him after his own vessel, the Endeavour. He then returned to his Country by Batavia, and the cape of Good Hope, with the greatest reputation, and glory, admired by the people, respected, and consulted on by the Admiralty, and the Royal Society, being honoured also at the same time with the esteem, and favour of his gracious Sovereign.

A man so useful to the State, as well as to science, who scorned indolence, and shunned obscurity, was not likely to content himself with the mere enjoyment of riches, and those pleasures which his grateful country might bestow. Cook was incapable of being satisfied with vain and flattering delights, that have sometimes indeed got the better of a great mind, but which promote a selfish indolence, and destroy all honest virtue. George III and those very able Persons who presided over the British Navy, paid a particular attention to our Hero, considering him as one of those splendid prodigies, which nature herself requires ages to produce.

produrre i quali la natura medesima sovente impiega gl' interi secoli. Ora per animi tali non si trova un premio più degno dei loro travagli, fuori dei travagli medesimi. Quindi l' illuminata Nazione profondamente convinta di questa massima, per dar a Cook un posto degno del suo carattere, propone di riconoscere se esista un Continente Australe, che immaginò una volta la fantasia dei viaggiatori entusiasti e l' opinion dei Filosofi. Ei non frappone dimora. Noi lo troviamo, percorsi già i mari conosciuti, incamminato per vie totalmente nuove e seguace solo dal suo coraggio. Venti impetuosi e incostanti, cielo tenebroso e fremente, folta neve e grandine precipitosa, profondità sconosciute, enormi pianure e montagne di ghiaccio, sfidano con attacchi di nuovo genere quell' ardire invitto e quella magnanima intrepidezza, ed anzichè avvilirlo o stancarlo, lo fan più forte ed audace (1). Vegga da una parte ed intorno i gelati scogli natanti sull' onde, spinge dall' altra l' ardita prora nei ter- [illegible] aperti fora a traverso dei più fatali pericoli, si scioglie dalle correnti che lo deviano, ne previene l' inganno, e sebbene nulla gli annunzi la vicinanza di una terra, non si spaventa o si perde, anzi benchè estinta ogni speranza di ritrovarla all' Est, risolve con un ardire incredibile di ricercarla all' Ovest. Forse spera d' incontrar minori perigli e ostacoli minori alle sue ricerche? No. Sa pure il sentiero tutto ripieno di nuovo più

(1) Vedi il Secondo Viaggio Vol. I pag. 83 e seg. ediz. di Parigi in 4° 1778 e Vol. II Cap. VI pag. 138.

There is no method of rewarding the labours of such a Man as Cook, but by inducing him to repeat those labours. The enlightened British Nation therefore being convinced of this truth, proposed an undertaking for him to execute, that was worthy of his character, and required of him to discover, if there really existed a Southern Continent, as enthusiastic travellers had imagined, and which had been a favourite opinion of many Philosophers. Nor was there any delay: This valiant Captain having again passed the well-known seas, entered on an entirely new track, which his own valour alone had pointed out. Here he met with winds uncertain, and impetuous, a sky obscure and stormy, driving hail, and continued storms, an ocean unfathomable, and stupendous mountains of eternal ice, all which, by fresh difficulties, were now to prove his unshaken constancy, and daring spirit, instead of shaking his resolution, they made him more eager, more determined in his pursuit. With the utmost caution he was obliged to guard against the frozen rocks that were floating on the deep, and with wonderful dexterity steered his vessel through surrounding dangers. He counteracted the effects of deluding currents, and though no favourable prognostics could flatter him with the vicinity of land, yet the vigour of his mind, never deserted him, for being convinced of the improbability of success in advancing onward, he directed his course towards the west. Nor did he by so doing, expect to encounter fewer misfortunes? On the contrary he entered on a new

orrido ghiaccio, il mare più burrascoso ed incerto, le tenebre più ostinate e più folte, si affaccia la stanchezza e la desolazione sul volto dei marinari, scarsi sono gli anni e le vite al loro sostentamento, perchè in sì elevata latitudine non hanno le acque altri abitatori che fieri mostri e smisurate Balene, non manca l'usato spirito al Navigatore Britanno, e tanta ha fermezza d'animo in una scena la più lugubre e funesta, che [illegible] gli altri, gli incoraggisce, gli sostiene, finchè giungendo Egli il primo al Polare Antartico Circolo, e traversandolo, riconforta i suoi coll'aspetto di un Ciel sereno e di un mare vasto e tranquillo, e colla speranza di nuove terre vicine. Oh speranza però fugace, e prontamente delusa! Ecco di nuovo dai quattro lati dell'Orizzonte coprirsi tutto l'Oceano d'impenetrabil ghiaccio. Isole fluttuanti ed enormi s'urtano da ogni parte e si frangono, monti di Neve ovunque piovono un gelo insoffribile d'ogni intorno, irrigidiscono le corde, sono di metallo le vele, e al par del gelo stesso il timore rende di piombo le membra degli abbattuti marinari. Eppure fu questo il vivere de' nostri viaggiatori per 117 giorni, e per 3660 leghe di corso. Vi è egli forse bisogno dell'eloquenza o dell'arte per far gustare la forza di un tal coraggio? Un breve ristoro all'antica Isola di Terra era stato tutto il conforto in quell'orribil viaggio; e intanto la vera scena sembra quasi annunziare che fu l'estremo. Si para dunque, dice l'Eroe, ma non si abbandoni al timore il frutto di tanti illustri travagli. Indi si ostina

and more tremendous Groves of unmeasurable ice, a region of impenetrable darkness, the abode of the wintry tempest, while at the same time he observed his companions to be oppressed by sorrow, and dejection. All resource from fishing was at an end, for the sea of those high latitudes is only inhabited by fierce monsters and enormous whales. The British Navigator bore up against these unusual terrours, which would have been insupportable to another, till he reached the Antartic polar Circle, being himself the first who ever had attained it, and there consoled his assistants with the view of a sky beautifully serene, and cheered them with the hopes of imaginary land. Too soon alas! was he convinced that those hopes were fallacious, for at the farthest extent of the horizon he could only behold a wild plain of never-ending ice, congealed islands of vast magnitude broke against each other, and beyond Alps of collected snow occasioned with insufferable frost. The rigging of the ship became hardened, the sails as it were petrified, and the limbs of the Adventurous Sailors seemed to acquire a leaden weight, from torpour, and excessive cold. Such was the situation of the intrepid Englishman, and his faithful crew, for 117 days, and during a course of 3660 leagues. Is any art, or eloquence, necessary to exalt this fortitude, and perseverance? A short stay at the friendly Island of O-Taheite was the only comfort after so terrible a voyage. Such sufferings might surely

e si avanza, finchè a guisa di un altro Curzio che abbandonato agli Dei si sprofonda nella voragine aperta, passa di nuovo e per altre due volte in punti diversi e quasi opposti, il cerchio Polare, si inoltra fino al 71° e 10' di latitudine, e ottiene alfine qualunque siasi, la soluzione sospirata del suo Problema = che tutto è qui gelo eterno, e che questo è il vero confine australe del Mondo =. In qui non [illegible] per Ordini del suo merito che i severi Geometri avvezzi essi soli a conoscere cosa sia cercare la verità per trovarla esattamente, son quanto basta convinti, essere un egual giovamento il soddisfare ad una ricerca, che il dimostrarne con evidenza l'assurdità. Tutto adunque è concluso, ed hanno ottenuto un glorioso termine le ricerche dell'infaticabile Viaggiatore. Oh Dio! un termine le ricerche di Cook? Un termine l'infaticabile suo trasporto per svelare tutto quello che può trovarsi nel mondo di più recondito, e di misurar tutta quanta a palmo a palmo la terra? Nò certamente. Accostumato infatti com'era ai rigidissimi climi ed alle altissime latitudini, torna indietro all'esame del Capo Horn (1), delle terre degli Stati, della terra del fuoco, tenta anche per questo parallelo di ricercare e discuoprire nuove terre, ed arricchisce di varie isole tutte nuove, benchè inabitate e infeconde la Geografia. Con la Georgia Australe (2) e l'Austral Thule e la terra di Sandwich saranno memorabili

(1) Vedi Vol. IV cap. V pag. 10 e seg.
(2) Vol. IV cap. V pag. [illegible] e al cap. VI pag. [illegible] e seg.

never been thought sufficient without being attempted, but Cook said, let us perish if it must be, but let us not cowardly abandon the fruits of such enterprizes and glorious fatigues. Again he ventures on that dreary Ocean, ready like another Curtius [illegible] himself for his country. He passed the polar circle in two different, and opposite directions, until he came to 71 degrees and 10 minutes of latitude, and thus obtained the solution of the problem that all beyond, was a frozen mass, and might be called the extreme boundary of the world. The most informed Geometricians are alone capable to judge of his real merit; they who are accustomed to search for truth, and whom it so rewards, know, that there is an equal satisfaction in proving a fact, and disproving an error. Such then was the conclusion of the researches of James Cook. What, could his researches have an end? could there be end to that infatigable ardour with which he discovered the most hidden parts of the world, and made an exact measurement of the globe? Undoubtedly not. Having been long accustomed to the severest climates, and to the highest latitudes, he returned to explore Cape Horn, Staten land, and Terra del Fuego, he attempted fresh discoveries, and thereby enriched Geography with the addition of many new islands, though indeed barren, and uninhabited. Saint Georgia, the southern Thule, and Sandwich isles, encreased the innumerable acquisitions of his voyage. These latter were covered with snow in the midst

sempre nella storia della navigazione, quantunque coperte d'indissolubile ghiaccio e d'eterna neve in mezzo alla loro estate medesima, e inaccessibili sempre e prive di viventi e di piante, non somministrino allo sguardo dell'audace osservatore altro che la più tremenda scena di desolazione e di solitudine. Intanto di quante altre utilissime idee non arricchisce il tesoro delle umane cognizioni? Lo spettacolo delle frequentissime Aurore Australi, che tutta spargono l'atmosfera della regione Polare con una luce diversa affatto da quella di cui si ammantano fra di noi, e non di fuoco o di porpora, ma del più vago blù colorate, ora ascondono le brillanti stelle, ora ne lasciano travedere i vivaci raggi liberamente. le tempestose trombe marine così comuni sulle remote coste della Nuova Zelanda, i progressivi e inuguali lor movimenti, le curve lor direzioni, il loro terribili discioglimenti. le successive declinazioni dell'Ago, l'acqua dolce e salubre estratta dal discioglimento del ghiaccio preso sulla superficie del mare. le riconosciute Isole già scoperte da Davis, da Mendana, da Tasman, da Quiros, la giusta lor posizione stabilita, i loro prodotti, il carattere de' loro abitanti, e tutto altro che in esse o di utile o di pericoloso s'incontra. la scoperta delle Isole d'Hervey, di Palmerston, della Selvaggia, della Testuggine, delle nuove Ebridi, della grand' Isola da lui detta nuova Caledonia, dell'altra che appella Norfolk, i canali, gli stretti, le baje, i bassi fondi, i fiumi, e cento e mille altre osservazioni importantissime, a cui la Nautica,

of their summer; and having inaccessible shores, and being destitute of food, and even vegetables, could present only to the disappointed navigators, the most tremendous scenes of repeated horrour. But let us consider what other ideas he added to the treasure of human knowledge. He frequently beheld the Aurora Australis, which, with a surprising lustre, adorns the Atmosphere of the polar regions, but is never seen in our Hemisphere; which neither appears like purple, nor fire, but sometimes involves the stars with a clear and resplendent Blue, or else displays them through a bright transparency. He observed also the fatal water spouts so common near the coasts of New Zeland, their progressive, and unequal movements, their curved directions, and dreadful angl-form. he remarked the strange variation of the Needle, and lastly, procured fresh and wholesome water from floating masses of ice. He determined the true situations of those islands which had already been discovered by Davis, by Mendana, by Tasman, and by Quiros, he made himself acquainted with their productions, the nature of the inhabitants, and whatever else might be useful, or worthy his attention. He found out the islands of Hervey, Palmerston, Norfolk and others, likewise the New Hebrides, and New Caledonia, he examined their canals, straits, rivers, bays, and soundings, and made a thousand other most

la Geografia, la Storia Naturale fan debitrici di straordinarj progressi, furono i frutti di quel riposo che ei prese in mezzo a così gravi travagli. (1)

E vi sarà d'ora in poi chi ardisca muovere il dubbio, essere Egli stato il più coraggioso, il più costante, il più utile, il più memorabile viaggiatore dell' universo, e non aver che invidiare uno stesso [illegible] e nelle sue imprese superare a tutti gli altri e delle diverse età e delle diverse nazioni, insieme compresi ed uniti? Per coronarne la gloria, per farla comparire inimitabile, per compiere il vero Elogio di questo Capitano Filosofo, vale a dire di un uomo che nel suo coraggio più grande la più difficil prudenza, a una intraprendente magnanimità una distinta e matura previsione, ai dolci inviti delle delizie e dei liberi piaceri che in mille casi gli si affollarono attorno, un incorrotto costume, all'incostanza di sue vicende una stoica fermezza, osservazioni tranquille, meditazioni profonde; di un uomo infine nobile sì, ma affabile, compiacente insieme e rigoroso, delizia de' suoi ed esempio, avaro dell' altrui vita e prodigo della propria, eguale sempre nelle perpetue instabilità della fortuna e delle venture, basta solamente il sapere che ei ritornasse sul Tamigi col vanto anco al Mondo di rivedere sano e salvo tutto l' intero equipaggio, senza la perdita che di un solo (il quale aveva ordinariamente salute, benchè malsano, esposta all' arduo viaggio)

(1) Ved. Vol. II cap. II III VII IX Vol. III cap. I III IV VII VIII

important observations. To him, Navigation, Geography, and Natural History, are infinitely indebted; and in this manner he recreated himself, and his Readers, after more severe fatigues.

Shall any man then deny the decided superiority of Cook over other Navigators? In every age, and nation, he would have been an object perhaps of envy, but certainly of imitation. In a word, he united uncommon valour, with unusual prudence; an enlarged soul, with the utmost oeconomy. He was above all the temptations of seducing pleasures, or flattering power; steady in adversity, and moderate in prosperity. His reflections were cool and profound; he was austere, and rigid in discipline, yet tender, and compassionate, the admiration, and example of his people; careful of the lives of others, but prodigal of his own. He returned home with the still superiour glory of having lost but a single man, during so long, and trying a voyage, and even the health of this man had been declining from the first, and this was effected, notwithstanding the dangerous alteration of Climates.

e senza i tanti comodi e tanto sani ritagli così dai rapidi cangiamenti del clima come dalla quasi incapace di raffrenarsi, incomparabile dei Marinari. Ecco dunque esclamò tutta Londra, l'Eroe ecco il propagator del commercio, esclamò il popolo affollato a gara sul lido fra i lieti evviva e le acclamazioni, onde riceveva il Vascello trionfatore, ecco il fedel Ministro dello Stato, esclamò il Regnante nell'onorarlo coi più sinceri sentimenti di affetto, ecco l'onor della Patria e della Filosofia, esclamò infine la Real Società, e siccome una classe di uomini profondi, avvezzi a non stupire di cosa alcuna e a non valutare che le cose grandi, decreta il premio alla memoria di Cook sulla sua condotta per la salute fisica dell'equipaggio, ed alla dottrina ed all'eloquenza di Pringle pubblicamente commette di pronunziarne l'elogio (1). Io non ardisco però asserire, se più onorino questi tratti sublimi l'Eroe che gli ha meritati, o la virtù di quei Saggi che sanno, ponderandone i meriti, decretarglieli. In fatti questi non sogliono essere i premj dei genj. Passeggia il Galileo le sfere, e mentre arricchisce di nuove stelle il celeste sistema, ed eterna con queste la memoria de' Principi suoi, cade vittima infelice del cieco livore e della nera superstizione. Cartesio rompe alla Fisica il giogo dell'Aristotelica tirannide, apre alle Matematiche un nuovo mondo, e la diffidenza de' suoi congiunti medesimi e l'odio degl'ignoranti e gli attentati degli emuli l'ob-

(1) Vedi Vol. 4 pag. 158

and the unavoidable intemperance of Seasons. Our Hero returned to the Capital of Britain, with the universal applause of it's Inhabitants. A multitude crowded on the shore, with repeated acclamations, to behold his triumphant vessel, The British Monarch received him with the warmest sentiments of affection, and esteem. The Royal Society considered him as the glory of his Country, and of Philosophy, and though never inclined to think any thing great which is not so in reality, judged a premium due to Cook for his successful conduct of so difficult an enterprise, and for the wonderful preservation of his crew. The learned, and eloquent Sir John Pringle was also requested publickly to pronounce his Elogy. It is difficult to determine whether such distinctions reflect greater honour on the merit that receives them, or on the wisdom that bestows. Too seldom indeed is Genius rewarded! Galileo, that great Astronomer, whose sublime discoveries, have eternized his own, and his Sovereign's name. Even Galileo fell a victim to mean envy, and dark superstition. Descartes freed Natural Philosophy from the tyranny of Aristotle, and opened a new world to the mathematicians, yet he was driven into banishment by the low hatred, and despicable malice of his ignorant Rivals, nor were any monuments bestowed upon his memory.

bligano a rinunziare per sempre alla Patria, ed impediscono ancora di pronunziare un funebre elogio sulle sue ceneri. Ritorna il Colombo vincitore dei venti e dell'onde, e porta in tributo al Trono di Ferdinando immensi regni e sconfinate ricchezze, ed ottiene in ricompensa orrende pesanti catene ed ignominiosa prigione, che gli prepara quella scellerata invidia medesima che certo un giorno seppe abbattere gli Eroi ed opprimere i Bellisarj. Newton tra i Filosofi è il solo che abbia vivendo dei premj uniti alla gloria ed alla tranquillità. Il Cielo Britanno favorisce gli Eroi, e sotto un Cielo di simil tempra si vedran nascere e moltiplicarsi perpetuamente gli Eroi.

Frattanto quai fiamme vive di zelo per la sua Patria crediamo noi che accenderanno nel cuor sensibile di Giacomo Cook l'onore e la gratitudine? Scordare i passati disagj, rammentar come un sogno i diversi perigli, cimentarsi ed incontrarne dei nuovi, tentar nuove imprese.

Fu sempre opinione e di abilissimi navigatori e di filosofi illuminatissimi, appoggiata a forti principj di analogia, che in qualche parte dell'emisfero del Nord debba ritrovarsi una comunicazione fra il mare atlantico, e il gran mare del Sud, come ne esiste una per lo Stretto Magellanico nell'emisfero australe. I Cabots, Frobisher, Davis, Hudson, Button, Baffin, James, Midleton, Campbell si occuparono in questa ricerca, ma sempre invano. Il successo delle passate spedizioni di Cook ne fa rivivere la spe-

Columbus, by his hazardous voyage, procured for the Royal Ferdinand excessive wealth, and a new, and immense extent of Empire; but his reward was a loathsome dungeon and ignominious chains, which envy had been preparing for him in his absence, as of old was the fate of Æsop and Belisarius. Newton perhaps has been the only Philosopher, who during his life-time enjoyed glory and tranquillity. The free temperature of Britain must be ever favourable to real greatness, and merit, and there such qualities will always be abundantly produced.

Who can imagine the gratitude of Cook for the honours he obtained! it obliterated all sense of former difficulties, and dangers, and inspired him, with a desire to engage in new, and more arduous undertakings.

Able Navigators, and men of enlightened understandings, having reasoned from analogy, concluded, that there must be in some part of the northern Hemisphere a communication between the Atlantic Ocean, and the great South Sea, to correspond as it were with the Straits of Magellan. Hudson, Baffin, Davis, and many others had made this the object of their researches, but without success. The late fortunate voyages again revived the

tiamo, e giacchè egli non soffre ancora di riposare, se gli affaccia l'impresa di rintracciare di proposito tra Settentrione e Occidente il passaggio nel nuovo Mondo. Non v'è oggetto che possa trattenerlo; non la diletta consorte che più ancora di lui che amica della sua gloria, vorrebbe seco dividere il rischio dei perigli suoi, e gli rappresenta coll' energia più toccante l'orrore di un abbandono e la funesta catastrofe dei pericoli, non i teneri figli, che bisognosi delle sue cure e dipendenti dal suo affetto quanto dal suo sangue, pongono in un cimento difficilissimo la sua virtù. Egli in faccia ad ostacoli così forti e così possenti, che fanno prove le più ammirabili della sua sensibilità, qual nuovo Regolo rivolge altrove severo lo sguardo, e benchè senta profondamente tutte le voci dell'amor conjugale e paterno, vuol far conoscere al mondo che prima adora la Patria che la famiglia.

Già l'Oceano l'aspetta, egli vi corre, e spiegate le vele si rivolge alle patrie sponde in atto quasi presago di dar loro l'ultimo addio. Immagini funeste, ah! non v'affollate a disturbare l'anima grande di questo Eroe! Egli o non le osserva, o non le cura, ed accelerando il cammino, torna alla nuova Zelanda e alle Isole degli amici, a rettificar sempre più le passate ricognizioni e scoperte, ed a formarne delle nuove, e sempre colla stessa esattezza e colla precisione medesima, come se fossero nuove ognora al suo sguardo. Dirige quindi il cammino verso le Isole della Società, e col proprio sguar-

hope, and as a state of inactivity was what Cook never could endure, he offered his services afresh, to attempt, on the northern, and western part, this very desirable passage. Nothing could alter his intention, nor could an affectionate wife, to whom the interest of his fame was only a secondary consideration, prevent his departure. She, who had flattered herself to be separated from him no more, now in vain expatiated upon the pangs of absence, and the dangers of the sea, in vain were her arguments enforced by the tears and entreaties of their children, Cook felt indeed the tenderness of a husband, and a father, but like Regulus, the love of his Country was superior to all considerations.

Again he committed himself to the bosom of the deep, and gazed upon his native shores while yet in sight, with a look that seemed to presage a last adieu. He however had no such melancholy idea, or if he had, it dwelt with him but for a moment. He directed his course once more to New-Zeland and the Friendly isles, and rectified his former observations, and discoveries with still greater exactitude. He afterwards went to the Society islands, and then visited O-Taheite, for the purpose of leaving Omai, where the

due venti giunge di nuovo a Taiti, ove lo guida il disegno di ricondurre alla sua Patria il selvaggio Omai a lui dal Monarca Britanno affidato, (1) di rinnovar di passaggio delle osservazioni importanti, di ristorare con freschi viveri i suoi compagni, e di avvalorargli con un breve ma necessario conforto ad esporsi più francamente agli sconosciuti pericoli, che non può a meno di non recar seco la grande idea concepita. Nò, non era già la fiacchezza che lo guidasse come un Annibale a Capua a cercare un vile riposo in quelle amene e deliziosissime Isole, che allettarebbero ogn'altro spirito meno appassionato di lui per il viaggio e per le scoperte. Cook riguardò costantemente come un delitto ogni brama di riposare, finchè la natura gli accorderebbe uno spirito e dell'attività. Non era l'incantesimo di un piacere, che lo avesse innamorato di un clima ove la natura appariva anche troppo prodiga de' suoi doni, e dove la società la più amabile e seducente rendea facilissima ad un cuor debole la dimenticanza di ogn'altra idea. Cook possedeva un'anima troppo grande per non sapersi difendere al par d'Ulisse dalle lusinghe di tutte quante le seduttrici Sirene, ed il suo esempio non meno che le sue massime avevano ottenuto il vanto rarissimo di comunicarsi fino al più debole

(1) Omai era già stato condotto in Inghilterra dal Capitano Furneaux [illegible] da Cook nel suo secondo viaggio [illegible] compagnia [illegible] Fu condotto [illegible] per [illegible] parte di Omai la cultura e il [illegible] del nome Inglese [illegible] suo selvaggio [illegible], [illegible] di [illegible] e di un [illegible] [illegible], non [illegible] la [illegible] e il [illegible] del suo Paese

British Monarch had entrusted to his care. He perfectionated his temporary refreshes, and consoled his crew with fresh provisions, and a short repose. By these means his companions were induced to expose themselves willingly to renewed dangers, and he was enabled to execute the great design he had conceived. Nor did he there waste his time in enervating delight, as the renowned Hannibal did of old at Capua, and which altho' have seduced any soul, less bent upon labour and discovery, but Cook considered every unnecessary relaxation as a crime. He did not suffer himself to be seduced, by the soft climate, the natural abundance, nor the amiable qualities of the natives of that country. Grave, and inflexible, he could resist the voice of the Syrens with the wisdom of Ulysses, and the force of his example extended to all. He had no desire, nor ambition to profit by the simplicity of these people. He required not their veneration, nor slavish obedience, but only their friendship. Nor was he in any,

da suoi compagni. Non era l'ambizione che lo sollecitasse a profittare delle cortesi accoglienze altre volte in copia riscosse, per fabbricarsi un impero sull'altrui semplicità, Cook non chiese mai da quei selvaggi che amicizia, non venerazione nè schiavitù. Non era in fine avidità di ricchezze che lo portasse dietro a quanto quella Nazion possiedea di più raro e stimabile, che avrebbe violentata qualunque anima meno generosa di Lui. Cook si contenta di stabilire per i bisogni dell'equipaggio un commercio pieno d'onoratezza e di equità, non ne profitta per se medesimo, non si abusa dell'ignoranza per contraccambiare le merci necessarie per la sussistenza, con vili e inutili monete, come i Pizzarri ed i Cortes. Anzi fu appunto l'amistà conosciuta dai lavori Europei altre volte osservati, fu il perfetto dispogliamento d'ogni timore verso di questi Viaggiatori, che stimolando l'angusta fete di quei selvaggi e liberandogli dalla cura di fare un mistero del lor carattere, gli offrì agli occhi di Cook (con un cangiamento improvviso) Uomini assai diversi d'inclinazioni e di tradizione, dediti al latrocinio per professione, incostanti nell'amicizia, industriosi nell'inganno.... ah! se vi è stato fra i viaggiatori chi abbia preteso fastosamente, dopo una breve dimora in barbari lidi, di pronunziar con franchezza sul carattere, sui costumi, sulla religione di un popolo, venga, osservi, si disinganni. Ecco perchè il nostro Eroe fu sì riservato ne' suoi giudizj, e si contentò di riferir quel che avea veduto, senza

manner excited by base avarice, desirous of procuring what was necessary, he scorned to impose upon their ignorance, and unlike the Conquerors of Mexico, and Peru, gave a fair equivalent for whatever he procured. And as still the inhabitants were already well acquainted with the utility of European manufactures. Having now no dread of their weapons, they ceased to assume a mysterious conduct, but prompted by the hopes of gain, shewed themselves in a new character, and Cook observed amongst them, dishonesty of heart, meanness of desire, and inconstancy of friendship. Many travellers who have only just touched at strange countries, have mostly decided upon the dispositions, customs, and religion of the people, but the considerate James Cook gave his opinion with caution, and contented himself alone with describing what he really saw. Others perhaps

decadere da quel più che avea dovuto ignorare. Ma gli altri avean forse viaggiato prima di farsi Filosofi. Cook si era fatto Filosofo prima di viaggiare. Intanto chi crederebbe che non vi fosse altro mezzo per difendersi da questi antichi amici, da questa cangiata in, ma par anche amata nazione, che col rigore? Eppure è così, e questo è appunto il più formidabil cimento del nostro Eroe. Esser solito a ragionare contro l'impeto dei marinari contro l'insolenza medesima dei Selvaggi, abominar l'omicidio, detestare la crudeltà, e poi dover necessariamente sembrar crudele, è la circostanza la più fatale per un anima grande e ben fatta. Non sperò però l'invidia (1) di calunniarlo per quel tratto di rigore a cui si trova obbligato malgrado suo, dopo tanti di umanità a lui così naturali. Ah! questa è spesso la condizion dolorosa di chi s'incontra coi viziosi! l'uomo magnanimo e intraprendente deve qualche volta servire allo sdegno, per non servire alla malizia di chi si abuserebbe di una

(1) Se mai propria l'Autor Francese che ha tradotto il giornale dell'ultimo viaggio di Cook, si cavò un duomo di esprimersi in questi termini: « Il est [illegible] qui dans quelques pages M. Cook avoir [illegible] & avoir [illegible] Le Lecteur doit se tenir en garde. M. Cook avoit pourtant se conduire bien & se justifie dans ses deux premiers voyages. L'Europe a peine à se [illegible] & l'on ne pourroit pas nous qu'avec respect. Après avoir rendu les services les plus signalés à la Navigation & à la Géographie, il a donné d'autres des succès qu'on ne le juge pas séverement. » Cook fu sempre moderatissimo, e non crudele; oltre a che molte altre cose che si raccontano dall'Autore Anonimo del mentovato giornale non si verificano presso della gran Relazione pubblicata a Londra e tradotta a Parigi in quest'anno 1785, onde un tale Mentore non è degno di fede.

have travelled before they became Philosophers, Cook was a Philosopher before he undertook his voyages. It is painful to reflect that he was now obliged to use rigour towards those former friends, who, however altered, still possessed his regard. This was indeed a difficulty, for he had been accustomed to restrain his sailors from revenging their own private insults, and had ever professed a detestation of slaughter. But let not Envy, nor Malice attempt here to injure his reputation, the immediate circumstance should be considered, and his general humanity remembered The brave, and compassionate, must sometimes act with rigour, lest their too great

pietà inalterabile. Cook aveva sempre veduto sotto le virtù dolci, ma non avea per questo sprezzate o dimenticate le severe: mostrò anzi che egli era amico dell' uomo per sistema, non per timore o temperamento, e se Cook non fosse stato mai rigoroso, la sua dolcezza perpetua non gli sarebbe forse costo l' amor che gli fa.

Abbandonate quest' Isole, passa volando la linea, e accompagnato sempre dal suo coraggio nell' immenso mare pacifico del Nord, tenta strade non prima conosciute o segnate per giungere all' Artico, e per discoprire, seppure è possibile, l' immaginato passaggio. Già trovasi sotto il Tropico del Cancro, e già s' incontra a' 199 gradi di longitudine Est in un nuovo Arcipelago d' isole, tutte ricche di utili produzioni, tutte ripiene d' abitatori, che ei chiama l' isole di Sandwich. Isole somiglianti alle terre poste fra l' Equatore e l' opposto Tropico del Capricorno, in cui le arti, i costumi, gli usi, le fabbriche sembrano formate sopra l' istesso modello benchè in sì enorme distanza di più di due mila miglia di mare. Cook tutto lieto della scoperta le esamina, si cimenta a trovare alleanza con quegli sconosciuti abitanti, ne stabilisce un commercio, si provvede di quanto ha bisogno al suo equipaggio, e vi fissa il luogo del suo ritorno dopo aver traversato e percorso quanto gli resta di mare fino all' Artico polo. Quindi ripigliato il cammino, e dirigendosi verso il Nord-Ovest dell' America, giunge al Capo Bianco, e secondando la direzione della costa, scuopre tante

mercy should be abused; Cook wished only to exercise the milder virtues, but on a pressing occasion could still feel the firmer. He acted always from reflection, and never from timidity, had he not sometimes been resolute in a just anger, his clemency might have passed for weakness, and have been a diminution of his glory.

Having quitted these shores, the bold Briton crossed the line, entered upon the Northern Pacifick, and advanced on a new, and unknown direction, towards the Artic Circle, for the purpose of examining possibility of the unguard passage. He soon found himself under the Tropick of Cancer, and discovered a new Archipelago at the 199th degree of Eastern longitude these islands were covered with inhabitants, and rich in all useful, and necessary productions; to these he gave the name of Sandwich, and they surprisingly resembled those under the Equator, and Tropick of Capricorn. Though at such an immense distance, there was a great similarity of manners, and customs, and their manufactures seemed to have been executed by the same models. Cook, well satisfied with his discovery, wished to open an intercourse with the natives, and provide necessaries for the equipment of his ships. He determined also to return hither, when he had pushed his researches as far as possible, towards the North Pole. Now therefore he directed his course to the North-west part of America until he arrived at Cape Blanco. He then examined the extensive Coast, and made himself acquainted

e baje e fiumi e nuovi abitatori che lo sorprendono straordinariamente, perchè congiungono con bizzarra combinazione uno spirito terribile, arrogante e feroce, a un costume colto e soave, ad un cuore dolce e benefico, opposto affatto all'idea dell'esteriore fisonomia. Apre adunque con loro l'util commercio delle ricchissime pelli, ond'è ricco il lor Paese. Indi scorrendo verso l'immensa costa Occidentale, e passando il circolo artico e innoltrandosi verso il Polo (esaminate isole e golfi) segna di nuovo e trapassa la via di Behring, vede [illegible] davanti a se come in un aspetto [illegible] e [illegible] i due continenti d'Asia e d'America, e giunge allo stretto che gli divide con sole sei leghe di distanza. Qui dunque penetra ardito, fintantochè incontrate le vastissime pianure, e le montagne enormi del ghiaccio indissolubile, toglie la vana speranza di ritrovarvi il desiderato passaggio. Si volge indietro lungo le coste dell'Asia, e dopo breve dimorazione per ristorarsi tra Russi Stabilimenti, torna (oh mal augurato cammino!) torna sull'isole di Sandwich, dove prepara il destino una di quelle sventure per l'umanità, che spesso i secoli interi sono incapaci di riparare. Ah! ch'ei non vi giunga giammai! e la funesta tempesta da lui sofferta in avvicinarvisi, lo ritiri per sempre da quelli barbari lidi! Inutilissima brama!

Approda egli alla più estesa di quelle isole, chiamata Owhy-hee, e tutto congiura per segnalarlo. Una prodigiosa moltitudine d'Isolani, e più di 200 Piroghe si presentano in

with it's bays, rivers, and creeks, and there beheld a most extraordinary race of men, who fierce, impetuous, and forbidding in their aspect, possess the mildest dispositions, the gentlest manners; and who formed the reverse of what might have been expected from the expression of their countenance. He opened a commerce with them of costly furrs, wherewith that rich Country principally abounds. He then visited the immense western coast, passed the Arctic Circle, and pushed forward towards the Pole. He now traversed the track that Behring had pursued, and at length came to an immense, and majestic theatre, bounded by the two continents of Asia, and America. He penetrated through the straits which divide them, at the distance of only six leagues asunder; and continued his progress, till it was obstructed by a solid plain of indissoluble ice. Being now convinced of the impossibility of finding the so much desired passage; he returned along the coast of Asia, and having made but few discoveries, arrived at the Russian Settlements, and from thence proceeded a second time to the Sandwich Islands. O fatal return! O cruel Destiny! for now the world was to sustain a loss, that centuries shall not be able to repair. O! that the rough tempest which assailed him in his course, had raged with ten-fold fury, and driven him afar off for ever from those inhospitable shores. Alas! how useless is the wish! for his doom is irrevocably sealed.

Cook landed on the Island of O-why-hee where various appearances of Friendship conspired to deceive him. An immense number of the natives in about 2[illegible]0 Canoes came forth to meet him, bringing

facean alle Navi Inglesi e le circondano, seco portando e provisioni e sale e corde e mille utensili opportuni. Il Veglio stesso del Sovrano dell'Isola si avvicina con segni di pace, con frutti, con animali e con squisiti rinfreschi. Si accorda ai Navigatori quanto si chiede per il ristabilimento delle navi, e fino una porzione di terreno ottengono ed hanno convenuta, per lo sbarco delle munizioni e per le tende... che più? giungono a tal segno le dimostrazioni d'alleanza, d'amicizia e di rispetto, che come un Nume riguardano il Cook, e lo conducono al luogo della lor ceremonia sacra, ove il Re l'ornava a tal grado, e suppone che qual Dio ognuno dei sudditi suoi lo veneri e lo rispetti. Intanto chi lo immaginerebbe? dopo una sì manifesta amicizia scambievole, e dopo aver ricevuto da Cook i Barbari ogni attestato di gratitudine la più sincera, sul che di nuovo si scostò per poco tratto da quelle spiaggie, sul che si vede da quella incolta Nazione levar con flotta per poco tempo, sul che agitato dalla tempesta torna fra loro per rifornirsi e soffrirne danni, un cangiamento improvviso fa di quei perfidi animi altrettanti mostri inumani. Ed ah quale sguardo atroce e feroce! quale infuriata sedizione! E chi potrebbe spiegare una metamorfosi così strana? E come mai fomentossi una sventura così funesta? Si passò adunque in sì breve tempo dalle sacre offerte ai più barbari tradimenti, e dagli omaggi religiosi ad una spietatezza tremenda? La nuova scena inaspettata esige straordinario consiglio, ma benchè il furore e l'ingiustizia proseguano ai movimenti di

with their provisions, and whatever necessaries they had been able to procure. The King's Son also approached with the usual emblems of Power, he gave the Sailors full permission to refit, in any situation they might find convenient, and granted a limited piece of land for the debarkation of their stores, and the parking of their tents. Nay more, Cook was conducted to the sacred spot were these Barbarians exercised their religious ceremonies, and there by the King's express orders, he was respected, and worshipped as a God. After such an appearance of friendship, which had also been repaid by every mark of gratitude, and affection, it is difficult to conceive, that a short absence could have produced any very material alteration in the behaviour of that people. But when Cook was driven back upon the coast, by the violence of the winds, he found these persidious friends, where changed to avowed enemies. He saw on every side dark suspicion, brutal rage, and wild tumult. How could he account for such effects? how could he divine the fatal cause? The veneration of the Natives was turned into contempt, their late worship into a desire for plunder. Now indeed the most serious consideration was necessary, the utmost caution was required, the frantic fury of the Savages might have justified severity, yet pity, and humanity softened the anger of the Britons.

qual ſtenerici, l'umanità non laſcia di preſiedere alla condotta dei noſtri. Ed oh foſſe almeno utile queſta volta il ſecondarne; dovremmo [illegible] perciò di dare a queſti rapitori inſolenti e non più tollerabili non lezione eloquente, ma una lezione, ſe è poſſibile, della natura di quelle che con sì efficace ſucceſſo ſi dava colà ſu i lidi della Nuova Zelanda e all'iſola di Tana. Se è indiſpenſabile qualche vittima delle noſtre armi, dicea il Cook, ſi ſacrifichi, perchè con queſta riſparmiſi la vita alla moltitudine immenſa che ſta ſopra di ſè: i noſtri fulmini incantamento ſi diſinganni queſto popol ſelvaggio, e per la via del timore e dello ſpavento ſi ponga un freno agl' inſulti ormai eccessivi ed inſopportabili della più ſtolida coſtanza. Ma oh Dio! queſte ſorte s'irritano, non ſi correggono. Alcuni ſorti fra loro (che pur dovevano unicamente rimproverar ſe medeſimi della capricciosa temerità di affrontare l'artiglieria, fulminante allora ſol per prevenire gl'Ingleſi ed intimorire quelli ſtolti) baſtano a riſvegliare l'infernale incendio, e in vece di ſpaventarſi ſi animano e vieppiù al tumulto, e ſi accendono alla più orribile e più inveterata ferocia. Si ſcaglia contro i viaggiatori una grandine rovinoſa di pietre; ſi corre con impeto a più violente rapine, tutto ſpira diſordine, oſtilità, terrore, violenza. Ah! qual ſarà mai la ſtrada più pronta per apportarvi un riparo? quali compenſi ſi prenderanno in ſituazione così dubbioſa e terribile? Si decide che convenga con indefinibile e dolce maniera impadronirſi del Re,

Alas! how vain was this moderation, for scorn, insults, and outrage, increased to such a degree, as to make a spirited resistance unavoidable. It was therefore determined to inflict a chastisement of a similar nature to that which had been successful at New-Zeland, and O Taheite. Let however, said Cook, the blood of a few, preserve the lives of the many; let us endeavour these desperate Barbarians, who defy our arms, and provoke our vengeance, let us restrain these daring, these insufferable insults, by exciting terror and dismay. But the enraged Savages were above controul, and not to be shaken by the execution of his measures. The wounds they received from the British Cannon, as the punishment of their rashness, and folly, only roused them to more fierce and ungovernable revenge; they attacked their enemies with a shower of stones, they breathed rapine, and desolation, butchery, and despair. What now remained for Cook? He determined to seize the person of their King, and without ill-treatment, to keep him as a hostage, till the

e senza recargli alcun danno, tenerlo in ostaggio fintanto che cessi la perfida baldanza, e non si restituisca la gran barca della nave, e quant'altro hanno rapito a forza quei crudeli Isolani. Oh infausta determinazione! O fosse il sentimento mal sicuro degli amici, che stimolasse il valor di Cook con una sorpresa, o che si assopisse in Lui quella avvedutezza che abbandona talvolta i più grandi Eroi perchè si rammentino di essere Uomini, Cook in compagnia di pochi suoi armati ebbe il coraggio di cimentarsi all' impresa. Una innumerabile folla di selvaggi ne contende il passo, ma Egli trionfa in breve di tutto, già quel Re lo seguiva pacificamente, già Egli intimava ai suoi di sospender l'uso dei fulmini e le minaccie. Ah! perchè mai non udiste voi o non curaste, incauti Inglesi, sì dal vascello la sacra legge che vi dettava l'Eroe! Un colpo di più distrugge tutti i disegni, tradisce voi stessi, e rende vana tanta costanza. Cade percosso ed ucciso a dispetto del cenno dato da Cook uno dei più distinti Capi degl' Isolani, (1) e nulla ci vuol di più, perchè quegl' irati Leoni sentano lacerarsi l'anima da nuove e più vive fiamme, e o sia impazienza o dispetto o disperazione, senza esaminare altrimenti le offese, non vedano altro che la vendetta, e si dichiarano per la strage. Eccogli ad un tratto, allontanando le femmine ed i fanciulli, armarsi tutti alla loro barbara usanza, fremere, unirsi, correre........

(1) Vedi la Gran Relazione del terzo viaggio Vol. III lib. V Cap. III seconda ediz. di Londra in 4° 1785

long-boat, which had been stolen, should be restored. Whether this advice came from the friends of Cook, or was the result of his own reflections, it proved a most unfortunate, a most fatal decision. Surely there was a momentary absence of his accustomed prudence, for, with only four companions, he resolutely exposed himself to the hazardous Enterprise. He soon triumphed over an immense throng of Savages, who were assembled to oppose him, and made a Capture of their King. Having so far succeeded, he endeavoured to check the indignation of his Sailors, and to stop the firing from the Ships. Valiant Englishmen! Why did ye not listen to the voice of your Commander? for the random shot which at this moment laid low the most distinguished Chief of the Island, by it's melancholy consequence, rendered your Courage of no effect, destroyed all your schemes, and defeated all your hopes. And now the Barbarians seemed to have acquired the ferocity of lions, and with one accord, to have devoted their foes to slaughter, and perdition. They made the women and children retire, they armed themselves, after their savage fashion, and moved for attack. Let us! exclaimed

Misera gente! disse allora compassionando le travagliose vicende lor sorte, l'Eroe, converrà dunque per risparmiarvi, sacrificare l'intero frutto del mio coraggio, e perdere invano uno de' momenti più fortunati! E ben si perda, purchè l'amor della umanità mostra anche di più, e purchè un'ombra di fuga non avvilisca la gloria Inglese e la mia condiscendenza, si doni tutto a costoro. Indi lasciando liberamente la preziosa sua preda, autorevole e placido di più fermo gli attende. Io non dirò, Uditori, cosa che al Mondo non venga autenticata dai testimonj più irrefragabili. Quel coraggio, quell'immobilità gli atterrisce, gli respinge, e quella bastava per richiamare in quegli spiriti divenuti brutali la ragione e la calma. Stranissima circostanza però! Quante volte rivolse il guardo ai nemici, altrettante gli stupidì, gli trattenne, quante volte Ella prodigò la voce, imponendo di sospender le offese, altrettante quella voce fuor con confidenza e di rispettata, e si perdè stranamente per l'aere o fu capricciosamente negletta, e se una volta si intende alfine e se le obbedisca, si intende appunto e se le obbedisce in un momento funesto ed estremo, in cui converrà non udirla e non secondarla! La fortuna era decretato il terribile istante, e tutto vi congiurava. Col piè sull'orlo del lido, col labbro aperto a frenare l'ostinazione de' suoi, col braccio steso ad assicurare de' suoi magnanimi sentimenti gli sanguinarj, colla mente piena di rispetto e di amore per l'umanità, osa una mano esecrabile e traditrice di scaricargli

Cook, who considered their cruel violence with the tenderest sensibility, and compassion, let us sacrifice the fruits of all our endeavours, let us give up all our designs, for even more than this is due to humanity, but let not the supposition of single disgrace the character of Britons. He therefore released his Prisoner, and with a fixed, and tranquil resolution, awaited the approach of the savages. What I now say has been confirmed by the testimony of the brave: whenever Cook turned his manly gaze upon the Barbarians, they were stupefied, and retreated, but on the other hand when he called to his companions to cease their fire, he had the sorrow to perceive that his voice was unheard, for his orders were disobeyed. Alas! his destiny was complete, with one foot in the waves, as to spare, with outstretched arms, proving as it were his compassion, and magnanimity, an execrable villain, whose sacrilegious hand bore that very dagger, which Cook had bestowed at the desire of the Prince, came fiercely behind, and stabbed him to the heart.

furtivamente sul dorso il ferro omicida, quel ferro istesso che con infausta compiacenza avea poc' anzi donato Egli medesimo alla richiesta del Principe di quei Barbari! In tale stato, non di morto già, ma il nostro Eroe ferito, cade la Vittima illustre e resta immersa nell' onde .... Nò, non diciamo di più. Si sa pur troppo ciò che dovè produrre in quel caso una così sospirata e qual inaspettata vendetta nel cuor feroce di quelle belve umane, si sa ciò che l' infame empietà, l' abominevol e disumana, il dichiarato lor vantaggio potea lor suggerire in quella tragica scena. Oh Dio! Così dunque hanno da terminare gli Eroi una vita piena di maraviglie e di gloria? Oh perdita dell' Inghilterra, dell' Europa, del Mondo intero!

Intanto chi si arma alla difesa, chi muore, chi si appiglia alla fuga. La pugna divien generale. Tuona l' artiglieria dei vascelli e la moschetteria dei soldati e dei marinari, in vicinanza alla Costa, si fa uno spaventevole eccidio di Barbari, ma tutto invano. Quegli con incredibil fierezza insultano furibondi la morte, e per disprezzo e vendetta portano come in trionfo i miserabili avanzi delle lacere membra dell' estinto Cook. Quanto era meglio che la prudenza, l' umanità, la virtù dell' Eroe si fossero questa volta accordate in Lui col sospetto e la diffidenza! Trionfano quelle, è vero, benchè tradite, della durezza dei cuori, ma sono inutili senza queste nei tradimenti, e trovano l' anime grandi son quelle appunto che men sospettano e che diffidano meno nei gravi incontri. Qual prò adesso agl' infelici suoi Compagni di più fermarsi su questo lido esecrabile, e di vendicar colle stragi ormai troppo tarde la lacrimevol perdita dell' amato lor Condottiero? Tutto il sangue di quei traditori non compensa una stilla sola del sangue generoso di questo Eroe. Ma no, diceva essi fra il pianto ed il furore,

Thus died the valiant Hero, and sunk upon the Ocean. Ah! let us now be silent, for well may we conceive the effect produced upon those brutal destroyers, well may we conceive what improper abominations were the consequences of their success, and the gratification of their revenge. O Heavens! is this the end of such exalted valour? is this the end of such a life of glory? O irreparable loss! to England, to Europe, to the World

And now the Battle rages with redoubled fury, many of the Natives fall, and many fly for the British Artillery, and the sharp musketry from the small boats, assail them with a dreadful vengeance. Yet in defiance of every effort, the Barbarians at length bore away the lacerated body of the brave, and unfortunate James Cook. Happier indeed had it been for him, if diffidence, and suspicion, had been united to his prudence and valour. The latter qualities are well opposed to undisguised anger, and open assault, the former are still necessary to countervail the insidiousness of treachery. But generous souls being free from deceit themselves, never expect to meet with it in others. Why should the afflicted Britons any longer delay their departure, why should they endeavour by a useless carnage to revenge the death of their beloved Captain, a single drop of whose blood, was worth more than all the blood of the Barbarians? But shall we, exclaimed the disconsolate crew, shall we return without our Chief to the shores of the Thames, shall we hold up the sorrowful eye to the eyes of those who are looking for the triumphant laurel? Yes surely, for no where is a brave man more truly esteemed, nor his loss

noi senza Cook, noi torneremo al Tamigi? E così un popolo magnanimo che si aspetta di non tornar se non palme sul trionfante vascello, dovrà vederlo ingombrato tutto del lacrimevol cipresso? Eppure non vi è luogo ove più degne possano essere le lacrime per così gran perdita, più proporzionati i funebri onori a così gran merito, più efficaci di fecondissimi frutti così grande esempio, che Londra. Tutto lì concorre ad eternar la memoria di un Uomo che potè soggiacere all' infelice destino dell' umanità, ma che vinse nel suo cadere tutti i pericoli dell' oblio, e divenne eterno perchè non visse mai per se stesso, perchè onorò la sua patria, perchè legò necessariamente il suo nome colle scoperte più grandi. Infatti finche parlerassi dell' inesistenza del Continente Australe finchè si solcheranno le onde del mar pacifico del Sud e del Nord, finche saranno conservate le relazioni sicurissime della più ignorata e più estesa parte del globo, finchè si conoscerà tutta quanta l'immensa costa Occidentale d' America, finchè si dirà che è vano cercare un passaggio ai mari del Sud dalla parte del Nord, e che un tal passaggio o non esiste o se esiste, è impraticabil per sempre, dovrà parlarsi di Lui.

Culta Nazione, Saggi dell' universo, sconsolata Consorte, Figli desolati, Amici oppressi dal duolo, è troppo giusto l'affanno vostro, ma rammentatevi che Egli non morì affatto, e che ha da rivivere in voi. Volge quell' Ombra onorata lo sguardo su i cari Concittadini, sui generosi figli del Britannico suolo, e sembra dir loro: Io vissi per vostro esempio, e so che delle anime non dissimili dalla mia già sorsero in Inghilterra. Secondate gl' impulsi della virtù che vi parla internamente, ed io in breve tornerò a vivere e a trionfare con voi.

Ma già la Fama dell' Eroe immortale si è stabilita eternamente in ogni lido. L' universal dolore per sì gran perdita, e

more sincerely lamented, no where are the honours paid, so justly proportioned to the merit of the dead, and no where can the force of his example produce more happy effects than in the Capital of England. The name of Cook shall be as lasting as the remembrance of his discoveries, and though he was subject to the general law of mortality, he may say without arrogance, for as he loved his Country, and loved not for himself, or reward, his memory shall never die. As long as Mankind shall remain convinced of the Non-existence of a Southern continent, as long as the bold Sailor shall plough the vast Pacifick, as long as remote parts of the globe shall continue to be known, as long as the immense western coast of America shall be remembered, and the impracticability of a northern passage to the South Seas shall be acknowledged, so long shall the great, the humane, the magnanimous James Cook live in the hearts of men, and in the bosom of his Country.

And thou his desolate widow! and ye his melancholy children! restrain your grief, since that he will exist for ever upon earth. Console yourselves with the thought, ye enlightened nations! ye wise men of the World! Methinks I hear his angel shade address his much-loved Country-men in these words. My example has been worthy of imitation, and I feel that England will not neglect it, but in future, still produce the virtuous, and the brave, and in them my fame shall be immortal.

How general is the sorrow for the loss of this Prodigy of Nature, Posterity also shall adopt the sentiments of the present day,

l'universale ammirazione per un tal prodigio della natura e per un Genio sì grande, si leggono espressi sulla fronte di ognuno, e i sentimenti che d'ora impressi in chi vive, s'imprimeranno perpetuamente nella posterità, cui resteranno sempre d'avanti agli occhi i risplendenti monumenti della sua gloria. Parlano di Lui gli Atti delle Accademie più illustri, dove si conservano i preziosi tesori delle sue Nautiche ed Astronomiche osservazioni (1). Parlano di lui le collezioni più celebri della storia naturale e il Museo Britannico, e in questo felicissimo ciel della Toscana di lui parla pure il Real Gabinetto dove si ammirano in vago ordine disposte vesti, utensili, manifatture, idoli, e tanti altri segni immortali dei viaggi suoi. Parla di Lui la Francia medesima, il di cui Monarca apprezzator dei filosofi comandò e volle, che in mezzo all'incendio della memoranda guerra dei suoi non solo non si trattassero come nemiche, ma si rispettassero e si soccorressero in qualunque incontro le navi di Cook. Parlano di Lui le isole o non conosciute o nuovamente scoperte, dove ha lasciato e animali utili ed utilissimi semi di piante Europee per il vantaggio e la cultura di quelle Selvagge Nazioni. Parlano finalmente di Lui anche gli Emisferi da Esso percorsi, dei quali ha lasciato le esattissime Carte, aprendo la via ed assicurando la guida ai posteri per rinnovare il gran viaggio. E mentre la Real Società di Londra ha impresse auree Medaglie per eternare la rimembranza di un Uomo sì grande, si sappia da tutto il Mondo che la stima, la venerazione, e la lode dell'intero Universo furono e saran sempre, come sono state riconosciute finora, un debito e non già un dono alla memoria di Cook.

(1) Vedi il Vol. 69 delle Trans. Filos.

and consider the monuments of his glory with grateful satisfaction. The actions of Cook are celebrated by the most learned Academies of Europe, where his Astronomical, and Nautical improvements are carefully preserved. He is celebrated by the most eminent professors of Natural History, and by the British Museum. He is celebrated in this happy climate of Tuscany, where in the Royal Cabinet, many of the arms, idols, and various utensils, which he collected in his voyages, are publickly displayed. He is celebrated throughout the powerful, and renowned Kingdom of France, whose benevolent Monarch, with the true spirit of Philosophy, exempted the vessels of Cook from the inconveniences that might happen to them from war, and particularly commanded, that wherever they arrived, they should be succoured, and not molested. He is celebrated in the Islands which he has enriched with European plants, seeds, and the most useful animals. And lastly He is celebrated throughout both Hemispheres, which he had often traversed, and of which he has given exact maps, for the benefit of future voyagers. The Royal Society of London struck medals of Gold in his honour, which, together with the general esteem, and veneration, will ever be acknowledged as his due, and by no means considered as a reward.

R. M.

ERRORI — CORREZIONI

Pag.			Errori	Correzioni
[illegible]	v.	[illegible]	[illegible]	[illegible]
[illegible]	v.	[illegible]	[illegible]	[illegible]
—	v.	[illegible]	[illegible]	[illegible]
[illegible]	v.	[illegible]	[illegible]	[illegible]
[illegible]	v.	[illegible]	[illegible]	[illegible]
[illegible]	v.	[illegible]	[illegible]	[illegible]
[illegible]	v.	[illegible]	[illegible]	[illegible]
[illegible]	v.	[illegible]	[illegible]	[illegible]
[illegible]	v.	[illegible]	[illegible]	[illegible]

IN THE TRANSLATION

Pag.				Errors	Corrections
[illegible]	l.	[illegible]	for	[illegible] — read	[illegible]
[illegible]	—	[illegible]	—	[illegible]	[illegible]
[illegible]	—	[illegible]	—	[illegible]	[illegible]
[illegible]	—	[illegible]	—	[illegible]	the [illegible]
[illegible]	—	[illegible]	—	be end	be an end
[illegible]	—	[illegible]	—	[illegible] people, nor for	people, nor like for
[illegible]	—	[illegible]	—	[illegible]	[illegible]
[illegible]	—	[illegible]	—	[illegible]	would
[illegible]	—	[illegible]	—	[illegible] publishing	[illegible] the publishing
[illegible]	—	[illegible]	—	[illegible]	[illegible]
[illegible]	—	[illegible]	—	[illegible]	[illegible]
				[illegible]	[illegible]

www.ingramcontent.com/pod-product-compliance
Lightning Source LLC
Chambersburg PA
CBHW032250080426
42735CB00008B/1079
9783337091064